나쁜 건 넌데 아픈 건 나야

가까운 사람들로부터 상처 받은 나를 위한 심리 처방전

나쁜 건 넌데 아픈 건 나야

초판 1쇄 2014년 4월 10일
2쇄 2014년 8월 11일

지은이 정일교
펴낸이 성철환 **편집총괄** 고원상 **담당PD** 최진희 **펴낸곳** 매경출판㈜
등 록 2003년 4월 24일(No. 2 - 3759)
주 소 우)100 - 728 서울특별시 중구 퇴계로 190 (필동 1가) 매경미디어센터 9층
홈페이지 www.mkbook.co.kr
전 화 02)2000 - 2610(기획편집) 02)2000 - 2636(마케팅)
팩 스 02)2000 - 2609 **이메일** publish@mk.co.kr
인쇄 · 제본 ㈜M - print 031)8071 - 0961

ISBN 979 - 11 - 5542 - 103 - 1(03320)
값 13,000원

가까운 사람들로부터 상처 받은 나를 위한 심리 처방전

나쁜 건 넌데
아픈 건 나야

정일교 지음

나를 만나고,

나를 사랑하고,

나를 치유하라!

매일경제신문사

있는 상처는 치유하고 없는 꿈은 소유하라

과거의 나는 '루저'였다. 가난한 집안과 작은 눈에 대한 콤플렉스, 부모님의 불화로 인한 낮은 자존감. 게다가 꿈도, 목표도 없었다. 사춘기 이후 거의 20년 가까이 아버지에 대한 미움과 분노를 품고 살았다. 눈물은 참아야 한다고 배웠다. 넘어져도 흙을 툭툭 털어내고 아무렇지도 않은 듯 일어나야 했다. 표현되지 않은 감정은 시간이 지나면서 딱딱하게 굳어졌다. 아내와 아이들, 다른 사람들과의 관계도 좋지 않았다. 지금 돌아보아도 아픔과 상처로 가득한 인생이었다. 과거의 고통에서 벗어나고자 상담 치유 프로그램을 찾아다녔고, 결국 상처 받은 내면아이와 화해하고 나서야 외롭고 고통스러웠던 마음이 치유되었다. 거울로도 마주하고 싶지 않았던 내 자신을 그 무엇보다도 소중히 여기고 사랑할 수 있게 되기까지의 과정을 책에 담고 싶었다. 내가 그런 고통과 아픔을 겪어

봤기에 다른 사람들의 아픔을 좀 더 잘 이해할 수 있기 때문이다.

상처의 원인을 상대방에게서 찾으려고 하면 찾을 수 없다. 자신 안에 있는 상처와 아픔을 마주해야 한다. 사람은 쉽게 변하지 않는다. 상대방을 바꾸려 하기보다 내가 변하는 게 더 쉽다. 누구에게나 상처는 고통스럽고, 아프다. 그래서 할 수만 있다면 빨리 아픈 과거의 상처에서 벗어나 새로운 삶을 살고 싶다. 하지만 그럴 수 없는 것이 인생이다. 고통스럽고, 아프고, 힘들더라도 감내해야 한다. 지금 겪고 있는 것은 더 나은 인생을 위한 성장통이기 때문이다.

우리 주변에는 남들과 비교해서 소위 '스펙'이 부족하다고 해서 좌절하고 방황하는 이들이 많다. 꿈을 이루는 것에 있어 스펙은 중요하지 않다. 남들보다 스펙이 밀린다고 해서 결코 좌절하고 방황할 필요는 없다. 자신의 꿈에 대한 확신과 열정만 있다면 자신이 가장 잘하는 분야에서 최고가 될 수 있다.

"오늘의 난 눈물겹지만,
내일의 나는 눈부시다!"

지금 당신의 삶이 눈물겨운 것은 더 나아지기 위한 과정에 있다는 것을 의미한다. 때론 너무 힘든 나머지 바닥에 주저앉고 싶고 포기하고 싶을 때가 있다. 그렇다고 힘들다는 말을 말로 내뱉지 말자. 울고 싶어도 내 인생이니까. 누가 대신 살아 줄 수 없는 내 인생이니까. 추운 겨울이 가면 꽃 피는 봄이 온다. 당신의 인생은 지금부터 시작이다. 과거의 상처는 놓아주자. 가슴 떨리는 꿈을 갖고 이보다 더 열심히 살았다고 말할 수 없을 만큼 죽을힘을 다해 살아보자. 분명 지금의 외로움과 아픔이 눈부신 미래를 선사할 테니까.

이 책이 나오기까지 곁에서 꼼꼼하게 원고를 읽고 수정해 준 아내에게 감사한 마음을 전한다. 원고를 쓰는 동안 수없이 아내와 상의하고 대화를 나누었다. 우리 부부도 좀 더 서로를 알 수 있었던 시간이었다. 아들에게도 고맙다는 말을 해 주고 싶다. 먼 훗날 아들이 커서 이 책을 보게 되었을 때, 아빠에게 누구보다 힘이 된 사람이 바로 자신이었다는 것을 알아주었으면 한다.

"아들아, 네가 있어 고맙고 행복하다. 너를 키우면서 아빠는 더 성장할 수 있었단다."

꽃 피는 봄을 기다리며
정일교

Contents »

Part : 2

모든 상처는 이름을 가지고 있다

'힐링'보다 '행복'이 필요해

Part 1

마음의 감기는
누구나 걸릴 수 있다

스트레스 그 이상,
회사 우울증

"배가 아파서 학교 못 가겠어요!"

초등학생인 아들은 아침마다 배가 아프다는 핑계를 대며 시간을 끈다. 이렇게 해서 지각한 적이 한두 번이 아니다. 특히 1교시에 싫어하는 과목이 있거나 숙제를 제대로 하지 않은 날엔 더 심하다.

성인도 마찬가지다. 월요일에는 유독 출근하는 발걸음이 무겁다. 월요병을 앓는 이유는 주말 동안 불규칙한 생활을 하기 때문이다. 주 중에 쌓인 피로를 주말에 풀려다 보니 늦잠을 자는 등 주 중과는 달리 불규칙한 생활을 하게 된다.

주말에도 주 중처럼 규칙적인 생활을 해 보자. 또 일요일을 한 주의 끝이 아닌 시작으로 보자. 일요일 오후에 무작정 쉬기보다 월요일에 해야 하는 업무를 미리 준비한다면 월요병을 완화하는 데 도움이 될 것이다. 예를 들어, 월요일 업무 회의 때 쏟아지는 상사의 질책이 월요일이 싫은 구체적 이유라면, 일요일 오후부터 이에 대응하는 방안을 구상해 두면 좋다.

인제대학교 상계백병원 가정의학과 김종우 교수는 이렇게 조언한다.

"심한 월요병 증상을 호소하는 환자에게는 일요일에 출근해서 월요일 업무의 일부를 먼저 시작해 볼 것을 권한다. 근무를 한 일요일 다음 날은 월요병의 증상이 훨씬 덜하다는 것을 경험하게 해 주어 일요일을 한 주의 시작으로 활용할 수 있는 가능성을 스스로 찾아보도록 하는 것이다."

월요일에는 평소보다 30분 먼저 일어나서 조금 더 여유 있게 출근 준비를 해 보자. 마음에 여유가 생기면 출근에 대한 부담감도 줄어든다.

그러나 여러 노력을 기울였는데도 월요병이 개선되지 않는다면 전문가에게 도움을 요청해야 한다. 월요병이 우울증이나 불안 장애 등으로 확대될 수 있기 때문이다.

취업만 하면 불행 끝 행복 시작인 줄 알았다. 최종 합격 통지를 받던 날엔 세상이 온통 내 것처럼 기쁘고 행복했다. 입사하고 몇 달은 월급 받는 재미에 자주 이어지는 야근과 회식에도 고단한 줄 몰랐다.

그러나 시간이 흐르면서 점차 회의와 갈등이 생기기 시작한다. 제대로 가르쳐 주진 않고 틀리면 그것도 모르냐고 몰아세우는 김

대리, 종일 별 말 없다가 퇴근 무렵 일을 던지면서 내일까지 해 놓으라는 박 과장을 대하고 있노라면 이렇게 살자고 취업했나 싶은 생각이 든다.

회사가 싫어지니 당연히 일하고자 하는 의욕도 사라진다. 우리나라 직장인 대부분이 입사 초기에 이런 '직장인 사춘기'를 겪는다고 한다. 업무보다는 인간관계로 스트레스를 받는다.

기업에서 민원 업무를 맡고 있는 박우진(가명) 씨는 입사 2년이 지나면서 '이렇게 살아야 하나'라는 근본적인 회의감에 시달렸다. 사소한 트집으로 전화를 걸어와 항의하는 고객들과 입씨름을 벌이는 일에도 지쳤고, 내성적인 성격 탓에 별명이 '새색시'였던 그는 왁자지껄한 회식 자리에 적응하는 것도 힘들었다.

출판사에 근무하는 김수영(가명) 씨의 다이어리에는 점심, 저녁 식사 약속이 빼곡히 적혀 있다. 점심시간에는 주로 대학교 동창 등 친구들을 만나고 저녁에는 다른 출판사 선배들과 시간을 보낸다. 김 씨에게 식사 약속은 직장인 사춘기를 떨쳐 내기 위한 수단이다.

그는 입사 후 1~2년 동안은 개인 생활도 없이 거의 매일 야근을 했다. 주말에도 서점에 들러 시장 조사를 했다. 그렇게 일만 하고 지내다 3년 차가 되니 회의감이 들기 시작했다. 월급은 박봉인데 회사의 비전도 불투명해 이직을 해야겠다는 생각까지 하게 됐다. 한 번 자신의 일에 회의감이 들고 나니 예전처럼 의욕이 생기지 않고 회사의 나쁜 점만 눈에 들어왔다.

얼마 전 실시한 설문 조사에 따르면 직장인 63퍼센트는 출근만 하면 무기력해지고 우울해지는 '회사 우울증'에 시달리고 있다고 한다. 대부분의 사람들이 겪는 전형적인 우울증의 증상은 지속적인 기분 침체, 의욕 상실, 식욕 저하, 불면증 등이다. 그러나 요즘은 기쁘고 즐거운 일이 있으면 일시적으로 활기가 넘치면서도 식욕이 크게 떨어지거나 수면 장애를 겪는 등의 신형 우울증으로 고생하는 사람도 적지 않다. 그렇다면 회사 우울증이건 신형 우울증이건 극복할 수 있는 방법은 없을까?

잠자는 시간을 바꾸는 것만으로도 이런 우울증에서 벗어날 수 있다. 불규칙한 생활을 하면 생활 리듬이 무너지게 되고 생활 리듬이 무너지면 신체 건강뿐만 아니라 정신 건강에도 영향을 미치기 때문이다. 나 역시 직장 생활을 했던 20대 후반까지 '회사 우울증'에 시달렸다. 우울해지는 이유는 피로를 계속 안고 있기 때문이다. 피로가 쌓이면 당연히 업무에도 몰입할 수 없다.

서울대학교병원 정신건강의학과 정도언 교수의 말을 들어 보자.

"사람들은 스트레스를 풀기 위해 술, 담배, 커피, 혼외정사에 몰두하지만, 이는 잘못된 스트레스 해소법이다. 술이 다소 위안을 줄 수는 있지만 이는 어디까지나 일시적인 것이고 술로 인한 경제적 부담, 건강상의 문제, 숙취로 인한 업무 지체 등 추가 부담이 나중에 되돌아온다."

술은 담배와 마찬가지로 백해무익하다. 만일 스트레스를 풀기 위해 술을 마신다면 술 대신 운동을 하는 등의 신체 활동을 하는 것이 좋다. 가벼운 걷기나 등산, 에어로빅과 같은 운동이 스트레스를 푸는 데 큰 도움이 된다. 저녁 시간을 쪼개어 실천하기 어렵다면 새벽 시간을 이용하자. 늦은 저녁에 운동을 하면 다음 날 힘든 아침을 맞이하게 되고 업무에 지장을 줄 수 있다. 대신 새벽 시간을 이용하면 여유 있게 하루를 시작할 수 있을 뿐만 아니라 자연히 긍정적인 사고를 하게 된다.

직장인 사춘기 증후군으로 인한 우울증을 이겨 내는 가장 좋은 방법은 직장 생활을 즐겁게 하는 것이다. 쉬운 일은 아니지만 스스로의 노력으로 충분히 이겨 낼 수 있다. 우선 자신의 취약점이 무엇인지 파악해서 보강하는 것이 중요하다. 이를 토대로 꾸준히 자기 개발을 해야 한다.

정신건강의학과 전문의 유은정 원장은 이렇게 조언한다.

"가까운 동료나 지인에게 마음을 터놓고 상황을 의논하면 연대감이 생기고 마음이 편안해진다. 서로 위로하는 순간 생각은 좀 더 자유로워진다."

현대인은 바쁜 일상생활 속에서 자기 자신을 거의 잊고 산다. 조용히 혼자만의 시간을 갖으며 자기 자신의 내면의 모습과 대면하기를 거부한다. 직장 생활을 하며 겪는 어려움이 단순한 스트레스 그 이상이 되어 버린 것이다. 조용히 명상을 하며 자신을 들여다보는 시간을 충분히 갖는 것이 회사 우울증을 없애는 데 무엇보다 중요하다.

마음의 상처는
몸에 흔적을 남긴다

몸과 마음은 둘이 아니고 하나이기에 마음의 상처는 고스란히 몸에도 그 흔적을 남긴다. 기존의 의학은 사람이 아닌 병만 진찰한다. 마음은 빼고 몸의 증상만 본다. 그래서 이런 증상에는 약을 주고, 저런 증상에는 침을 놓고, 상태가 심각하다 판단이 되면 수술을 한다.

몸과 마음은 둘이 아니다. 마음이 병을 만들기 때문이다. 마음에 상처가 생기면 마음뿐만 아니라 몸까지 아픔을 겪게 된다. 마음을 우선 챙겨야 하는 이유다.

《기적수업》에 이런 구절이 있다.

"모든 병은 용서하지 않으려는 상태에서 비롯된다. 만약에 지금 현재 몸에 아픈 데가 있다면 주위를 살펴보고 용서해야 할 사람이 누구인지 찾아볼 필요가 있다."

몸이 아픈 것은 마음과 밀접한 관련이 있다. 척추에 생기는 질환은 대부분 자신의 의지와 관련이 있고, 목의 질환은 자신의 의

사를 잘 표현할 수 없는 상황에 처해 있거나, 자신의 꿈을 현실 속에서 펼칠 수 없다는 두려움 때문에 생기는 경우가 많다. 만성적인 소화 불량은 스트레스, 그러니까 살면서 생기는 여러 가지 감정들을 잘 소화하지 못해서 생긴다. 오랫동안 화를 품고 있으면 차츰 이 감정이 몸을 갉아먹어서 우리가 '암'이라고 부르는 병에 걸리게 된다. 습관처럼 비판하면 관절염이 생긴다. 죄책감은 항상 누군가를 괴롭히고, 괴로움은 몸을 아프게 한다. 두려움에서 비롯된 긴장감은 위궤양을 일으킨다. 상대를 용서하고 화를 풀면 암도 치료할 수 있다.

작은 일에도 화를 내며 핏대를 세우는 사람이 있다. 마치 '분노의 화신'처럼 자신과 의견이 조금만 달라도 화를 버럭 낸다. 그 사람은 별명이 '종합 병원'이다. 화를 내면에 품고 살기 때문이다.

사람들은 병에 걸리지 않기 위해 많은 노력을 기울인다. 그러나 신체 건강보다 더 유지하기 힘든 것이 정신 건강이다. 펜실베이니아대학교 심리학과 교수인 마틴 셀리그먼Martin Seligman 박사는 "비관주의는 개인의 능력과 재능을 떨어뜨리고 의욕을 저하시킨다"고 말했다. 급기야 우울증을 유발해 정신 건강을 망친다고도 한다.

히말라야 산맥 벼랑에 한 무리의 독수리들이 모여들었다. 날기 시험에서 낙방한 독수리, 이성에게 버림받은 독수리, 힘센 독수리의 폭력에 상처 입은 독수리 등 모두 자신이 불행하다고 생각했다. 그리고 그렇게 불행하게 사느니 죽는 게 낫다는 데 의견을 모았다. 이때 영웅 독수리가 이들 앞에 내려왔다.

"왜 자살하려고 하느냐?"

"괴로워서요. 이렇게 사느니 차라리 죽는 게 나아요."

이 말을 듣고 영웅 독수리가 조용히 말했다.

"나는 어떤가? 상처 하나 없을 것 같은가? 내 몸을 봐라."

영웅 독수리가 날개를 펼치자 여기저기 상처가 드러났다.

"이건 날기 시험 때 솔가지에 찢겨 생긴 것이고, 이건 나보다 힘센 독수리의 발톱에 찍힌 자국이다. 이 상처들은 겉으로 드러난 상처고 마음의 상처는 헤아릴 수도 없다. 상처 없는 새는 이 세상에 나오자마자 죽은 새밖에 없다. 살아 있는 새 중 상처 없는 새가 어디 있으랴!"

누구에게나 인생은 곧게 뻗은 아스팔트 길이 아닌 비포장 자갈길이다. 자갈길 곳곳에서 거친 돌부리에 걸려 넘어지고 상처를 입으면서 우리는 더욱 성장한다. 우리가 걷는 인생길에도 어김없이 시련과 고통이라는 걸림돌이 있기 마련이다. 시냇물이 졸졸 정겨운 소리를 내며 흐를 수 있는 것은 시냇물 안에 돌멩이가 있기 때문이다. 물의 흐름을 방해하는 돌멩이 덕분에 경쾌한 소리를 들을 수 있는 것이다. 살면서 겪게 되는 고통과 시련에 너무 괴로워하지 말고 마주하면서 시냇물처럼 정겨운 소리를 냈으면 좋겠다.

몸은 마음을 비춰 주는 거울과 같다. 우리의 마음속에 어떤 일이 벌어지고 있는지에 대한 중요한 실마리를 제공해 준다. 우리의 몸은 과거의 흔적들을 저장하고 있다. 부정적인 사고가 쌓이면 몸도 마음도 함께 아프다. 짓눌린 생각은 머릿속에 틀어박혀 두고두고 고통을 일으킨다. 몸에 독을 퍼뜨리기도 하고 병을 일으키기도 한다. 화병, 우울증, 암과 같은 온갖 병들이 끊임없이 발생하는 이유는 모두 짓눌린 생각 때문이다.

독일의 유명한 정신과 의사인 요아힘 바우어Joachim Bauer는 이렇게 말한다.

"트라우마는 우리의 무의식 속에 잠재되어 있으며 신경생물학에서 엔그램engram이라고 불리는 일정한 각인을 우리 몸에 남긴다."

트라우마는 수년이나 수십 년이 흐른 뒤라도 유사한 정신적 스트레스를 받으면 다시 깨어나 고통을 준다. 과거의 트라우마는 현재 생각과 의사를 결정할 때도 많은 영향을 미친다.

한 중년 여성의 고백을 들어 보자.

"남편과의 잠자리가 너무 고통스럽고 힘들다. 남편이 잠자리를 요구할 때마다 불안하고 가슴이 두근거린다. 남편의 손길이 닿는 것만으로도 몸이 딱딱하게 굳어 버린다. 어렵게 잠자리가 끝나고 나면 표현할 수 없는 깊은 수치심과 분노마저 느낀다. 사랑하는 남편이지만 잠자리만은 이가 갈리도록 싫다.”

그녀는 초등학생 때 사촌 오빠에게 성추행을 당했다. 많은 시간이 지났어도 그날의 수치심과 분노가 여전히 그녀의 몸에 남아 있다. 사랑하는 남편과의 잠자리에서도 기억하고 싶지 않은 과거의 아픈 상처가 불쑥 튀어나와 그녀를 괴롭힌다. 상처가 몸과 마음에 깊게 각인되었기 때문이다.

덮어 두려 해도 덮어지지 않는 문제들이 있다. 내가 가만히 있는데 문제가 저절로 풀리지는 않는다. 문제는 끝까지 남아서 나를 괴롭히며 불행으로 이끈다. 어찌 보면 한 번의 아픈 경험이지만, 정작 자신은 그 기억을 수백 번 수천 번 재생하기 때문이다. 몸이 아플 때 그게 혹시 마음이 아프다는 신호는 아닌지 점검해 봐야 한다. 마음에 상처를 입었거나 욕구가 억눌렸을 때 자신도 모르게 그것이 신체적 증상으로 나타난다. 대표적인 예가 ‘화병’이다. 화병은 약을 먹는다고 해서 금세 좋아지지 않는다. 그래서 이유 없이 아플 땐 신체적 증상 뒤에 있는, 마음의 갈등을 일으키는 근본 원인을 찾아내는 게 중요하다.

몸이든 마음이든 아픈 사람은 외롭고 슬프다. 내 자신이 밝고 건강해야 행복을 느낄 수 있다. 몸과 마음이 하나라는 사실을 명심해야 한다. 비록 말 못하는 아픈 기억이지만 시간이 흘렀다고 내버려 두면 안 된다. 마음의 상처는 분명 몸에 흔적을 남긴다. 현재 몸이 불편하고 아픈 데가 있다면 그와 관련된 마음의 상처는 없는지 생각해 봐야 한다.

아픈 마음은
몸이 먼저 안다

몸은 마음의 상태를 그대로 반영한다. 누군가를 죽도록 미워하고, 말할 수 없는 상처 때문에 가슴앓이하고, 참을 수 없는 분노 때문에 매일 밤 잠을 못 이룬다. 이렇게 부정적인 감정을 가지고 살면 결국 몸에 탈이 난다. 몸에 통증을 느껴 병원을 다니기 전에 마음을 먼저 들여다보자. 모든 것은 마음이 만들어 낸 결과물이니까.

마음의 상처가 모두 병의 직접적인 원인은 되지 않는다 해도, 적어도 병의 진행 속도나 회복 속도에 큰 영향을 끼치는 것은 분명하다. 병을 치료할 때 내면의 상태를 함께 살피는 것이 무엇보다 중요하다.

《암환자는 암으로 죽지 않는다》의 저자 최일봉 박사는 "암환자는 암이 아니라 암에 대한 공포 때문에 죽는다"고 말한다.

미국의 한 자료에 따르면 위암과 췌장암 환자의 83퍼센트가 영양실조 증상을 보였고, 더군다나 암 환자 20퍼센트의 직접적인 사망 원인이 영양실조였다고 한다. 대부분의 암 환자는 암보다는 암에 대한 두려움으로 소화 기능이 떨어져 영양실조로 죽는 것이다.

30대 중반의 여성이 있다. 이 여성은 생식기 부위의 끔찍한 통증 때문에 회사를 휴직해야 했다. 알아본 결과 '복합 부위 통증 증후군'이라는 사실을 알게 되었다. 모든 통증은 아픈 부위마다 의미가 있다. 여성들의 생식기 통증은 성적인 억압과 관련이 많다. 알고 보니 그녀는 중학생 때부터 자위행위를 했는데, 우연히 엄마가 알게 되었다. 보수적인 부모님은 그런 딸을 창피하게 생각했다. 생식기 통증은 자위행위에 대한 창피함, 그리고 자위행위를 못 하게 하려는 억압과 관련이 있었다.

나는 배꼽 탈장 수술을 했다. 샤워를 하는데 배꼽이 평소와는 달랐다. 바로 병원에 갔더니 '배꼽 탈장'이라고 했다. 몇 년 전에 투자 목적으로 대출을 받아 구입한 땅 때문에 속병을 앓았던 것이 화근이었다. 비싸게 구입한 땅이 팔리지 않고 애물단지가 되어 마음고생이 심했기 때문이다.

이처럼 마음속에 담고 있는 아픈 기억이나 상처는 반드시 몸의 증상으로 나타난다. 마음의 위력은 생각보다 훨씬 대단하다.

1920년대 프랑스에서 한 죄수가 사형 선고를 받았다. 그런데 이 죄수의 사형 집행일에 진행된 실험이 생각의 힘이 얼마나 대단한지를 증명해 주는 결과를 낳았다. 집행인들은 단두대에 끌려 나온 죄수의 머리를 칼날 아래에 놓고 나서 죄수의 눈을 가렸다. 그리고 실제 칼날 대신에 무거운 널판이 목 위로 쿵 떨어지게 했다. 이어서 마치 핏물이 흐르는 느낌이 들도록 따뜻한 물을 죄수의 목부터 척추를 따라 흐르게 했다. 그런데 놀랍게도 불과 7분 만에 그 죄수는 사망했다.

자신의 목이 잘렸다는 죄수의 생생한 자기 암시가 스스로를 죽게 한 것이다. 과연 생각의 힘은 강력하다.

《당신의 몸을 치유하라》의 저자 루이스 헤이Louise L. Hay는 말한다. "두 가지 정신적인 유형만이 병을 일으키는 원인이다. 바로 두려움과 분노다. 분노는 참을성이 없고, 짜증을 내고, 좌절하고, 비판한다. 이 모든 생각이 바로 몸에 독을 만들어 낸다. 마음의 짐을 놓아 버리면 모든 신체 조직이 정상적으로 작동하기 시작한다."

2006년에 방영되어 화제가 됐던 KBS 다큐멘터리 〈마음〉에서 사랑과 스트레스가 몸에 어떤 영향을 주는지 잘 보여 주는 충격적인 실험을 했다. 먼저 실험용 토끼들을 구입해서 5주 동안 콜레스테롤 함량이 2퍼센트나 되는 먹이를 주었다. 이 양은 사람에게는 매일 달걀 10개, 삼겹살 4킬로그램, 닭 5마리를 먹는 것과 같은 분량이다. 그런데 토끼들은 똑같이 먹이를 먹지만 친밀군과 스트레스군의 두 무리로 나뉘어서 서로 다른 취급을 받는다.

스트레스군은 몸만 겨우 들어가는 우리에 넣어서 못 움직이게 하고, 호랑이 울음소리를 들려준다. 또 먹이를 줄 땐 우리를 쳐서 놀라게 한다. 반면에 친밀군은 자주 안아 주고 쓰다듬는 등 애정을 준다.

실험이 4주 동안 진행되자 스트레스군의 토끼 여덟 마리 중 네 마리가 콜레스테롤이 안구의 혈관을 막아 겉보기에도 흰 페인트를 칠한 것처럼 각막이 희뿌옇게 변했다. 반면에 친밀군의 토끼들은 여전히 식욕도 왕성하고 별다른 이상 징후를 보이지 않았다.

연구진은 총 5주의 실험이 끝나고 나서 이 두 무리의 토끼들을 해부하여 간과 혈관을 비교해 보았다. 그 결과 스트레스군 토끼들의 간은 지방간이 되어 뿌옇게 보였고, 혈관도 콜레스테롤이 침착되어 군데군데가 울퉁불퉁하며 두 배 이상 두터웠다. 반면에 친밀군 토끼들의 간과 혈관은 색도 선홍색이고 깨끗해서 정상 토끼와 비교해도 별 이상이 없을 정도였다.

결국 정서적 안정감이 병을 일으킬 수밖에 없는 고농도 콜레스테롤조차 혈관에 침착하지 못하도록 막았던 것이다. 그렇다. 분명히 사랑은 가장 좋은 약이고 스트레스는 가장 무서운 독이다.

《EFT로 낫지 않는 통증은 없다》의 저자 최인원 원장은 이렇게 말한다.

"수많은 사람들을 치료하면서 고치기 힘든 어려운 병일수록 환자의 인생이 더 깊이 반영되어 있다. 알코올 중독으로 폭력을 행사하는 아빠, 나를 버린 엄마, 나를 배신한 친구, 외도하는 남편, 속 썩이는 아들 등등 전 생애의 모든 경험이 다 들어 있는 것이다. 질병을 만드는 사건을 추적하다 보면 유년기, 심지어 배 속의 기억까지 떠오르는 경우도 많다. 엄마가 나를 낙태하려고 했을 때 느꼈던 공포까지도 다 드러난다."

이처럼 몸은 모든 것을 차곡차곡 저장한다. 몸은 그동안 살아온 삶의 기록이라고 할 만큼 정확하다.

2011년 6월 SBS스페셜에서 〈심장의 기억〉이라는 다큐멘터리를 방영했다. 미국에 거주하는 60대 남성이 심장을 이식 받은 후 삶이 극적으로 달라졌다. '철인3종경기'를 비롯한 각종 스포츠 대회에 출전해서 수십 개의 메달을 딸 정도로 운동광으로 변했다. 심장 이식을 받기 전의 삶과 전혀 다른 삶이었다. 이식 받은 심장 주인의 부모를 만나면서 삶이 갑작스럽게 변한 이유를 알게 되었다. 놀랍게도 심장의 원래 주인은 할리우드 스턴트맨이었다. 그는 심장뿐만 아니라 삶까지 이식 받았던 것이다.

이처럼 아픈 마음은 몸이 먼저 안다. 몸이 아프고 힘들기 전에 마음속에 상처가 없는지 살펴보고 상처 받은 부분이 있다면 치유하는 것이 무엇보다 중요하다.

삶이 자꾸
아프다고 말할 때

'행복'의 반대말은 '불행'이 아니다. '비교'다. 나를 남과 비교하면서부터 불행해진다.

내 친구 중 유독 불평불만이 많은 친구가 있다. 이 친구는 항상 우울하고 슬픈 표정을 하고 있다. 그래서 그 친구와 함께 있으면 같이 우울해지고 기분이 가라앉는다. 그 친구의 그런 부정적인 감정은 안타깝게도 자신을 사랑하는 마음의 결핍에서 비롯된 것이다.

사람은 살아가면서 환경의 지배를 많이 받는다. 그렇기 때문에 어떤 환경 속에서 성장하였느냐에 따라 삶의 모습도 달라진다. 긍정적인 생각을 하는 부모 밑에서 자란 사람은 매사에 긍정적인 생각을 할 확률이 높다. 반대로 부정적인 생각을 하는 부모 밑에서 자란 사람은 매사 부정적인 생각에 사로잡혀 있을 확률이 높다.

지인들에게 안부를 물으려고 오랜만에 전화를 걸면 시작하는 대화 내용이 모두 다르다. "잘 지내고 있어", "새롭게 배우고 있는 게 있어 행복해"라고 말하는 사람이 있는가 하면, "사는 게 다 똑같지 뭐”, “힘들어 죽겠다. 사는 게 왜 이리 힘드냐”처럼 볼멘소리로 신세 한탄을 하는 사람도 있다.

평상시 입에 달고 사는 말만 들어 봐도 그 사람이 어떤 사람인지 쉽게 판단할 수 있다. 같은 환경에 처해 있더라도 어떻게 해석하고 받아들이느냐에 따라 결과도 달라진다. 모든 게 마음먹기에 달렸다. 긍정적인 생각과 부정적인 생각은 종이 한 장 차이다.

미국 샌프란시스코에 가면 '금문교'라는 다리가 있다. 1930년대에 건축된 다리로 높이가 1마일 이상 되는, 세계에서 가장 높은 다리다. 그 다리를 공사할 때 너무 높고 위험해서 기술자들은 늘 불안했다. 일을 하는 내내 불안과 공포에 떨어야 했다. 공사 중 다섯 명이 추락하는 사고가 나자 시 당국에서는 기술자들의 안전을 보장하기 위한 방안을 마련해야 했다.

그 결과, 공사하는 다리 밑에 철사로 만든 그물을 설치했다. 다리 밑에 그물을 설치한 뒤로 그물에 떨어지는 사람이 없었다. 왜냐하면 그물 덕분에 일하는 사람들이 마음 놓고 일할 수 있었기 때문이다. 불안했던 마음이 가라앉고 공포감이 사라졌다. 그 뒤로 다치는 사람이 없었다고 한다.

모든 일이 그 일을 대하는 우리의 마음가짐에 따라 달라진다. 나를 믿어 주고 격려해 주는 사람들이 있다고 생각하면 힘이 난다. 아무리 힘들고 지치더라도 사랑하는 사람들을 생각하면 더욱 분

발하게 된다. 하지만 세상에 나 혼자인 것 같고 아무도 나를 이해해 주는 사람이 없다고 생각하면 한없이 지치고 힘들게 느껴진다.

삶이 자꾸 힘들다고 느껴지면 혼자서 끙끙 앓지 말고 주위에 터놓고 얘기해 보자. 그러면 복잡했던 마음이 한결 나아질 것이다. 운명은 타고나는 것이 아니라 만들어진다. 미래에 어떤 삶이 펼쳐질지는 스스로의 노력에 달렸다.

칼을 전문적으로 파는 가게가 있다. 거기에는 크고 작은 여러 모양의 칼이 있다. 가게에 진열되어 있을 때는 모든 칼이 비슷하다. 그러나 그 칼이 누구의 손에 들리느냐에 따라 칼의 쓰임이 달라진다. 똑같은 칼이라도 그 칼이 요리사의 손에 들리면 요리하는 칼이 되지만, 만일 그 칼이 강도의 손에 들린다면 사람의 목숨도 빼앗을 수 있는 위험한 칼이 된다. 우리 인생은 칼에 비유할 수 있다. 우리의 인생을 누가 붙들고 있느냐는 아주 중요하다.

태어나면서부터 정해진 삶은 없다. 살다 보면 하는 일이 뜻하는 대로 되지 않아 우울하기도 하고 괴롭게 느껴지기도 한다. 담금질을 수차례 반복해야 좋은 칼이 되는 것처럼 우리의 삶도 담금질 같은 고통이 뒤따른다.

사람들은 때때로 휴식을 취하기 위해 도시를 벗어난다. 앞뒤로 빽빽한 빌딩과 매연 때문에 혼탁해진 공기는 지친 심신을 더 황폐하게 만든다. 하지만 무조건 도시를 벗어난다고 해서 진정한 휴식을 취할 수 있을까. 그렇지 않다. 진정한 휴식이란 자기를 찾아 떠나는 여행이다. 반드시 어떤 곳을 향해 떠나야 한다든가, 어디를 꼭 벗어나야 한다는 식의 휴식은 참된 의미의 '쉼'이라고 할 수 없다. 단순한 도피일 뿐이다.

'소통의 달인'으로 불리는 김창옥 교수도 서울에 올라와 일하면서, 힘든 시기에 고향인 제주도로 돌아가려는 생각을 했다. 하지만 지금의 삶이 괴롭고 힘들다고 해서 제주도로 간들 달라질 게 있는지 스스로 물어, 답을 찾고 어려운 시기를 넘겼다.

어디를 가든 사람 관계가 가장 어렵다. 직장에서도 마찬가지다. 어느 조직이든 자신과 맞지 않는 사람이 분명 있다. 그렇다고 그곳을 빠져나와 다른 곳으로 가더라도 별반 다르지 않다.

나는 너를 토닥거리고
너는 나를 토닥거린다.
삶이 자꾸 아프다고 말하고
너는 자꾸 괜찮다고 말한다.
바람이 불어도 괜찮다.
혼자 있어도 괜찮다.
너는 자꾸 토닥거린다.
나도 자꾸 토닥거린다.

다 지나간다고

다 지나갈 거라고

토닥거리다가 잠든다.

김재진 시인의 〈삶이 자꾸 아프다고 말할 때〉라는 시다.

힘든 일이 있을 때 내 자신을 토닥이다 보면, 혹은 다른 사람으로부터 토닥임을 받다 보면 마음속에 일었던 파문이 어느새 잠잠해진다. 김재진 시인은 말한다.

"아픔은 여러 개의 얼굴을 가지고 있습니다. 때로는 외로움으로, 때로는 커다란 좌절감으로 우리를 찾아옵니다. 외로움에 자신을 내맡기고 그것이 휘두르는 칼날에 더 깊숙이 베이며, 상처 날 대로 상처 나 마침내 흠집투성이 모과처럼 향기가 날 수만 있다면 우리는 스스로 치유될 수 있습니다."

인생이란, 고민과 고통으로 짜 내려간 '개인의 삶'이라는 작품이라고 할 수 있다. 자신만의 작품을 만들다 보면 뜻하지 않은 시련을 겪을 수도 있다. 고된 시련을 회피하지 말고 작품을 만드는 과정이라고 생각하면 좀 더 마음이 가벼워질 것이다.

마음의 감기는
누구나 걸릴 수 있다

날이 추워지면 주변에서 기침하는 소리를 자주 듣게 된다. '감기는 약 먹으면 일주일, 약 안 먹으면 7일'이라는 말처럼 감기약을 먹는다고 감기가 빨리 낫는 것은 아니다. 다만 증상을 완화시켜 불편함을 조금 덜어 줄 뿐이다.

사람들은 감기에 걸리면 하루라도 빨리 나으려고 약을 먹지만, 마음에 걸리는 '마음의 감기'는 그냥 방치해 둔다. 잠시 겪는 감기가 아닌 평생을 두고 '마음의 감기'를 앓는 사람도 많다. 우울증 말이다. 계절에 따른 정서 변화는 누구에게나 있을 수 있다. 그러나 혼자 앓는 마음의 감기, 우울증은 생각보다 무서운 질병이다. 감기는 저절로 치유되기도 하고 우리 몸의 면역성을 키워 주기도 하지만 우울증은 그렇지 않다.

열심히 살았는데 돌아보니 남은 것이 하나도 없다는 생각에 우울증을 겪고 있는 한 주부의 고백을 들어 보자.

그녀는 투덜대는 아이들과 무심한 남편 뒷바라지로 허둥댄다. 문득 돌아서면, 우수수 떨어지는 낙엽만큼이나 우울한 일상이 기다리고 있다. 20대의 모습은 저 멀리 떠나간 그 시절의 꿈보다 더 멀리 사라진다. 온전한 아줌마로 서 있는 자신을 발견하는 순간, 마음이 '뚝' 하고 바닥을 치는 소리가 들린다. 그리고 한없이 무기력하다. 열심히 살았는데 뭐 하나 제대로 남은 것도 없다. 가족들조차 멀게 느껴진다. 식욕도 없고 불면증에 시달린다. 두 아이를 둔 주부 박유진(가명) 씨의 이야기다.

첫아이를 낳고도 5년 동안 맞벌이를 하다 둘째 출산 후 일을 그만두었다고 한다. 그리고 5년 넘게 두 아이 교육에만 전념했다. 처음에는 월급만 가져다주고 살림이나 아이 교육에는 전혀 신경 쓰지 않는 남편이 오히려 편하다고 생각했다. 그러나 막상 이유도 모르게 무기력해지기 시작하니 가장 원망스러운 사람이 남편이다.

"남편도 사회생활 하느라 힘들겠죠. 그런데 크고 작은 집안일을 저 혼자 다 해결해 가다 보니 지쳤나 봐요. 다른 집들은 그렇게 사는 것 같지도 않고……. 아이들도 이제 제 품을 조금씩 떠나는 것이 느껴져요."

이처럼 열심히 앞만 보고 살았는데 어느 날 문득 모든 것이 무기력하게 느껴지는 순간이 있다.

과거에는 우울증이 마음이 약해서 생기는 병이라고 생각했다.

그러나 우울증은 의지나 마음만의 문제가 아니다. 외부 환경이 개선되어도 우울증이 나아지지 않는 경우도 있다.

우울증이 현대인의 흔한 질병이 되어 버린 것은 지금 우리들의 삶에 문제가 있기 때문이다. 과도한 스트레스와 잘못된 식습관 그리고 생활 환경 때문이다. 가공식품 위주의 식생활도 우울증을 증가시키는 원인이다.

실내에만 있지 말고 밖에 나가 햇볕을 쬐며 산책하는 습관을 길러 보자. 스트레스는 물론 잡념까지 사라져 몸과 마음이 개운해진다.

세계보건기구WHO는 우울증이 2020년에 인류를 괴롭힐 세계 2위의 질병이 될 것이라고 전망한 바 있다. 주변에서 "나 우울해"라는 말을 습관적으로 입에 달고 사는 사람을 어렵지 않게 찾을 수 있다. 선명하게 드러나지 않는 우울증이 사회적 위험성을 갖는 이유는 자살과 밀접한 관련을 맺고 있기 때문이다. 조증 환자의 절반이, 그리고 우울증 환자 다섯 명 중 한 명이 자살을 기도한다.

그렇기 때문에 우울증을 단순히 '마음의 감기'라고 인식해서는 안 된다. 우울증은 환절기 때면 찾아오는 감기처럼 단순한 질병이 아니다. 우울증이 왔을 때 감기를 방치하듯이 그냥 두면 안 된다. 반드시 치료를 해야 한다.

다음 이야기는 테헤란 왕궁을 지을 당시의 일화이다.

이란에 있는 테헤란 왕궁에 가 본 사람이라면 누구나 그 아름다움에 넋을 잃는다고 한다. 왕궁이 아름다운 이유는, 입구에서부터 아치형 천장과 벽, 그리고 창문에 이르기까지 마치 다이아몬드처럼 눈부시게 빛나고 있는 유리 장식 때문이다. 이 유리 장식은 빛의 밝기와 방향에 따라 각양각색으로 빛난다. 유리 장식을 자세히 들여다보면 모두가 미세한 유리 조각으로 이루어져 있다는 것을 알게 된다. 이 아름다운 왕궁이 탄생할 수 있었던 이유는 깨진 유리 때문이다.

왕궁을 장식하기 위해 건축가들은 거울처럼 비치는 반투명 유리를 프랑스에 주문했다. 이윽고 몇 달간의 운송 기간을 거쳐 유리가 도착했다. 하지만 포장을 풀어 보니 유리가 완전히 깨져 있었다. 이 사실에 공사 관계자들은 화가 머리끝까지 났다. 그들은 프랑스 정부에 욕을 퍼부으며 즉각 새로운 제품을 다시 보내 줄 것을 요청했다. 그런데 그중 한 사람이 이런 제안을 했다.

"차라리 이 깨진 유리를 붙인다면 더 아름다운 건축물이 탄생할지도 모릅니다."

다시 주문하면 공사 기간도 연장되고 그에 따른 추가 비용이 발생한다는 것은 불 보듯 뻔한 일이었다. 그래서 그의 제안을 받아들였다. 작업 인부들은 큰 유리 조각을 일부러 잘게 부수어 벽과 창에 입히기 시작했다. 그런데 이 광경을 본 사람들은 저마다 감탄했다.

'깨진 유리 조각이 저렇게 아름다울 수 있을까?'

급기야 아치형 천장까지도 작은 유리 조각으로 장식하게 되었다. 지금도 이 왕궁의 장식을 보기 위해서 많은 관광객들이 찾아온다고 한다. 멋진 테헤란 왕궁처럼, 살면서 어쩔 수 없이 입게 되는 상처들을 승화시켜 더 멋진 삶을 만들자.

힘든 시기에는 자신이 처한 상황이 전부라고 느껴진다. 미래도 희망도 보이지 않는다. 하지만 힘든 시간들을 이겨 내고 극복하면 더욱 멋진 미래가 기다리고 있다.

물론 아픈 과거를 뒤돌아보고 치유하는 것은 쉽지 않다. 그렇다고 마음의 쓰레기통 밑에 눌려 있는 상처를 방치할 수는 없다. 시간이 갈수록 썩어 악취만 날 것이다. 우선 괴로운 기억부터 하나씩 꺼내서 풀어 보길 바란다. 내가 심리 치유 상담을 통해 상처를 드러내고 아픔을 덜고 스스로 더 나아지는 방향을 찾은 것처럼 누구나 마음만 먹으면 그렇게 될 수 있다. 당신 스스로가 더 좋은 사람으로 성장하고자 원한다면 충분히 가능하다.

감기 바이러스에 대한 올바른 처방이 감기약이 될 수 없듯이, 우울증에 대한 처방 역시 항우울제가 될 수 없다. 많은 이들이 자신을 유사 우울증 환자로 느낀다. 끝없는 무한 경쟁 사회에서 삶과 미래에 대한 희망을 상실했기 때문이 아닐까. 일반적인 감기는 잘 쉬고 안정을 취하면 좀 더 빠르게 회복된다. 누구나 걸릴 수 있는

'마음의 감기' 우울증도 그 원인을 찾아 노력한다면 분명 극복할

수 있다.

잊는다고
상처가 해결되지 않는다

수면 위내시경 검사를 할 때 고통을 줄이기 위해 수면 마취를 한다. 하지만 몸은 내시경이 목 안으로 들어와 식도와 위를 통과할 때의 고통을 느낀다. 수면 마취가 되어 있지만 검사를 하는 도중에도 신음 소리를 낸다. 다만 수면 마취를 하면 검사가 끝난 후에 통증을 기억하지 못할 뿐이다.

전신 마취 또한 그렇다. 수술 시 통증을 느껴도 마취가 깨면 전혀 기억하지 못한다. 수술과 같은 고통스러운 일을 해야 할 때 정신력으로 참아 낼 수도 있지만, 마취 없이 눈을 뜨고 의식이 있는 상태에서 피부를 절개하는 공포를 견딜 수 있는 사람은 많지 않다. 그 고통이 평생 기억 속에 남아 자신을 괴롭히는 것을 좋아하는 사람도 없다.

첫사랑은 아름답다고 말하는 것은 정말 첫사랑이 아름다웠기 때문은 아닐 것이다. 다시는 젊고 순수했던 그 시절로 돌아갈 수 없기 때문에 아련하게 느낄 뿐이다.

나도 첫사랑에 대한 아련한 기억이 있다. 첫사랑에게 선물 받았던 향수 냄새를 우연히 맡게 되면 여전히 첫사랑이 생각나곤 한다. 아주 오랜 시간이 흘렀지만 그때의 기억과 감정이 남아 있기 때문이다.

우리는 살면서 예기치 못한 불행을 만난다. 아무리 평상시에 조심한다고 하더라도 불행의 함정을 피할 수 없다. 갑작스럽게 찾아온 불행은 평탄하던 삶을 무자비하게 흔들어 놓는다. 그 과정에서 치명적인 마음의 상처를 입기도 한다.

심한 정신적 충격을 겪은 뒤에 찾아오는 정신적 질병을 외상성 신경증, 트라우마trauma라고 부른다. 극심한 정신적, 육체적 충격을 받게 되면 오랜 시간이 흘러도 사건을 상기시키는 비슷한 상황에서 똑같은 정도의 공포와 두려움을 느끼게 된다. 자라 보고 놀란 가슴 솥뚜껑 보고 놀라는 것이다.

나는 어두운 것을 싫어한다. 그래서 방마다 불을 켜 놓는 버릇이 있다. 이런 버릇 때문에 자주 아내에게 잔소리를 듣지만 쉽게 고쳐지지 않는다. 지인들은 어두운 분위기의 술집에서 술을 마시면 맛이 더 좋다고 하지만, 나는 어두운 곳이 정말 싫다.

과거의 기억을 떠올려 보면, 부모님께 혼났던 기억이 많다. 내가 정말 잘못해서 혼난 경우도 있지만, 부모님이 다툴 때 그 불똥이 나에게로 튀는 경우가 더 많았다.

지금은 연탄을 사용하는 집이 많지 않지만, 내가 어릴 때는 연탄으로 겨울을 보냈다. 무엇을 잘못했는지 이제는 정확히 기억나지 않지만, 막 초등학교에 입학했을 즈음 속옷 바람으로 연탄을 쌓아 두는 광에 갇힌 적이 있다. 그 기억 때문에 지금도 어둡고 답답한 느낌을 병적으로 싫어한다. 이처럼 과거의 안 좋은 경험은 시간이 흘러도 현재 삶에 영향을 미친다.

또 다른 기억이 있다. 나는 음식을 가리지 않는 편이지만 유독 닭 요리는 잘 못 먹는다. 알레르기가 있는 것은 아니지만 닭에 대한 안 좋은 기억이 있기 때문이다.

지금도 또렷하게 기억난다. 학교 앞에 병아리를 파는 아주머니가 계셨는데, 그곳에서 병아리 네 마리를 사서 키우기 시작했다. 온도에 잘 적응하지 못한 병아리 세 마리는 죽고 간신히 한 마리만 남았다. 새벽에 단잠을 깨우는 닭이 될 때까지 애지중지 키웠다. 닭은 하루가 다르게 커져서 볏과 발톱이 큰 멋진 닭이 되었다. 함께 놀기에는 부담스러울 정도였다.

그런데 어느 날 집에 와 보니 뒷마당에 있어야 할 닭이 보이지 않았다. 이상한 예감이 들어 어머니께 물어봤더니 "얼른 손 씻고 들어와라, 맛있는 백숙 해 두었다"고 말씀하셨다. 어머나, 이게 어떻게 된 일인가! 어릴 적부터 소중하게 키운 병아리인데, 정말 가족이라고 생각했는데 어떻게 음식으로 먹을 수 있단 말인가! 동생과 나는 그 백숙을 도저히 먹을 수가 없었다. 그 기억 때문에 지금도 치킨이나 백숙을 그리 좋아하는 편은 아니다. 이처럼 과거에 겪은 부정적인 기억은 현재의 삶에 좋든 싫든 간에 적지 않은 영향을 미친다.

성장기에 겪은 고통스러운 경험들은 정신적, 육체적인 고통을 함께 발생시킨다. 예를 들어 폭력적인 아버지 아래서 자란 아이는 불안 장애와 불면증에 시달린다. 그리고 아버지와 관련된 기억들을 지운 후에 증상이 사라진다. 과거의 기억이 어떻게 기억되는지는 한 개인이 이를 어떻게 받아들이느냐에 따라 결정된다.

모든 것을 바라보는 마음 자세에 따라 결과는 달라지게 마련이다. 과거의 상처를 잊고 싶다고 해서 쉽게 잊을 수 있는 것은 아니다. 하지만 모든 것을 좋게 바라보는 '긍정의 힘'이야말로 궁극적으로 우리의 기억을 좋게 만들고 우리 자신을 행복하게 만드는 근원이라 할 수 있다.

김정현 교수의 《철학과 마음의 치유》라는 책에 이런 말이 있다.

"니체에 따르면 자신의 삶의 문제를 주변 사람들에게 투사하며 의혹과 악의, 자기 부정의 태도로 자신과 타인을 괴롭히며 살아가는 사람을 '병자'라 부른다. 그들은 가장 오래된 상처를 찢고, 오래전에 치유된 상흔에서 피 흘린다. 그들은 친구와 아내와 아이들과 그 밖에 그들의 주변에 가까이 있는 사람들을 악인으로 만든다."

상처를 대하는 두 가지 방법이 있다. 하나는 상처를 후벼 파서 본인은 물론이고 다른 사람까지 아프게 만드는 것이다. 다른 하나는 아픈 상처를 계기로 성장하여, 주변의 자신과 유사한 상황으로 힘들어하는 사람들에게 격려와 용기를 주는 것이다.

돌아보고 싶지 않은 기억이라고 무작정 잊어버린다고 해도 마음 한편에 여전히 그 기억이 자리 잡고 있다. 잊는다고 문제가 해결되지는 않는다. 상처를 받은 내 자신을 온전히 이해하고 받아들일 때 비로소 상처 받은 기억이 희미해져 좀 더 자유로운 삶을 살 수 있다.

오래 지속되는 슬픔에는
이유가 있다

말에 의한 상처는 한 대 맞아서 터진 코피를 닦아 내듯 사라지지 않는다. 평생의 상처로 남아 대인 관계에 소극적인 사람이 되게 한다. 의도했든 의도하지 않았든 언어를 통한 폭력은 실로 엄청난 영향력을 지닌다.

아마 세계 최고의 욕쟁이 국가는 당연히 우리나라일 것이다. 미국은 욕이라고 할 만한 게 없다. 영화 대사에 욕이 한두 마디만 들어가도 청소년 관람 제한인 R등급을 매길 만큼 사회적 관리도 엄격하다. 일본은 더 말할 것도 없다. 가장 심한 욕이 '바보 놈', '녀석', '짐승'이어서 우리로 치면 욕이라고 할 수도 없다.

서울 장충고 교사가 학생들이 쓰는 욕과 비속어를 모은 책《B끕 언어》를 펴내 화제가 됐다.

"선생님, 비속어를 빼고는 말을 못 하겠어요."

학교에서 느꼈던 감정을 비속어를 빼고 말해 보라는 질문에 한참을 망설이던 중학교 2학년 여학생의 답변이다.

비속어 문제는 어제 오늘의 일이 아니며 항상 문제시되어 왔다. 우리 사회의 언어들이 갈수록 공격성과 폭력성을 드러내고 있다. 전국의 초등학생 1,695명과 중·고등학생 4,358명을 대상으로 설문 조사를 하고, 542명의 실제 대화, 글, 통신 언어 등을 조사한 결과, 청소년이 사용하는 언어의 80퍼센트 이상이 욕설, 저주, 조롱을 포함한 비속어라고 한다(국립국어원 2011년 청소년 언어 실태, 언어 의식 전국 조사). 욕설과 비속어의 사용이 95퍼센트에 이른다는 보고도 있다.

단순히 자신과 견해와 입장이 다르다는 이유로 상대에게 쏟아 내는 독한 욕들은 상처를 내는 잔인한 무기가 된다.

일반적으로 성격이 급하고 직설적인 사람들은 자신이 하고 싶은 말을 참지 못한다. 상대가 어떻게 생각하든지 관계없이 자신이 하고 싶은 말을 다 하고 만다. 말 속에 치명적인 독이 들어 있음을 알지 못하기 때문이다. 그리고 나서 자신은 뒤끝은 없다고 한다.

그러나 말로 당한 사람은 그 상처가 오래간다. 말한 사람은 금방 잊어버리지만, 당한 사람은 그 말 한 마디가 평생 상처로 남을 수도 있다. 그런데 어떻게 남의 가슴에 깊은 상처를 주고 뒤끝 없다는 말로 변명을 할까. 말 잘하는 달변가보다 어눌하더라도 진실한 말을 하는 사람을 우리 사회는 원한다. 말은 진실하고 부드러워야하며 사랑이 깃들어 있어야 다른 사람을 감동시킬 수 있다.

미국의 심리 카운슬러 바바라 호버맨 레바인Barbara Hoberman

Levine은《긍정의 말이 몸을 살린다》에서 이렇게 말했다.

"감정을 안으로 숨겨 몸 안에 쌓아 두면 자신도 모르게 많은 에너지가 소모된다. 특히 분노와 같은 감정은 급속하게 축적된다. 그 결과 자신도 모르는 사이에 사랑하는 이들에게 분노를 폭발시키거나 떠넘기게 된다. 그런가 하면 풀어 버리지 못한 슬픔의 감정으로 인해 아무런 관련도 없는 상황에서 울음을 터뜨리기도 한다."

아내 혹은 여자 친구가 갑자기 울음을 터뜨려 난감했던 적이 있을 것이다. 말하지 않고 쌓아 두었던 감정이 폭발한 것이다. 울음을 그치게 하기 위해서는 그들 안에 쌓인 분노의 원인이 무엇인지 확인해야 한다.

오랫동안 내 안에 자리 잡고 있는 슬픔은 언제 터질지 모르는 시한폭탄과 같다. 고통을 느끼기 전에 먼저 자신의 생각 속에 머물고 있는 과거의 기억들을 정리해야 한다. 살아오면서 부모님에게 배웠던 것들, 수많은 신념과 편견들이 자신 안에 모두 기록되어 있다. 상대를 바라볼 때 그 사람의 모습을 있는 그대로 보지 못한다. 과거의 기억을 통해서 그 사람을 보게 된다. 자신만의 잣대로 상대를 판단하기 때문이다.

개인의 위기는 대부분 작고 사소한 일을 소홀히 한 데서 비롯된다. 큰 병도 작은 병에서 시작되듯이 작고 사소한 문제들이 쌓여 풀 수 없을 정도로 큰 문제가 된다. 그런데 많은 사람들이 작고 사소한 문제는 대수롭지 않게 생각하고 그냥 넘겨 버린다. 그리고 참고 견디면 해결된다고 믿는다. 마음속 깊은 곳에 있는 상처는 오랜 시간이 흘러도 사라지지 않고 그대로 남는다. 이런 마음속 부정적 기억들은 자신의 발전과 성공을 가로막는 암적인 존재들이다. 하루속히 제거해야 한다. 아픔이 쌓이지 않도록 그때그때 푸는 습관을 들인다면 더 나은 미래를 살 수 있다.

워싱턴의 포토맥 강변에 미국 3대 대통령 토마스 제퍼슨Thomas Jefferson을 기리는 기념관이 있다. 언제부터인가 이 기념관 벽의 외관이 심각하게 훼손되기 시작했다. 시간이 지날수록 문제가 심각해지자 기념관장은 관리자를 불러서 그 원인이 무엇인지 알아보도록 지시했다.

조사 결과 기념관 외벽에 묻어 있는 비둘기의 분비물을 제거하기 위해 독성이 강한 세제를 사용하기 때문이었다. 그러자 관리자는 비둘기가 많이 날아드는 것을 막기 위해 관광객들이 비둘기에게 모이 주는 것을 금지시켰다. 하지만 그래도 비둘기는 계속 날아들었다.

도저히 해결책을 찾지 못하던 관리자는 외부 컨설팅 회사에 이 문제를 해결해 달라고 의뢰했고 컨설팅 회사는 체계적인 조사를 시작했다. 그리고 얼마 지나지 않아 그 원인이 밝혀졌다. 제퍼슨 기념관에 유난히 많은 비둘기가 날아드는 것은 기념관 벽에 서식하는 거미들 때문이었다. 그 거미들을 잡아먹으려고 비둘기들이 그리 몰려들었던 것이다.

관리자들은 거미들을 박멸하기 위해 온갖 수단과 방법을 다 동원했지만 좀처럼 효과가 나타나지 않았다. 그래서 또 머리를 싸매고 그 원인을 추적해 보았다. 그랬더니 밤마다 숲에서 떼를 지어 날아오는 나방들이 거미들의 왕성한 서식을 가능하게 하고 있었다. 나방이 몰려오는 한 그것을 먹이로 삼고 있는 거미들은 사라지지 않을 것이고, 거미들을 먹이로 삼고 있는 비둘기들 또한 사라지지 않을 것은 너무나 당연한 일이었다. 그렇다면 왜 나방들이 제퍼슨 기념관으로 날아들었을까? 그것은 기념관에 켜 둔 대낮처럼 밝은 전등 때문이었다. 더욱이 이 기념관은 주변의 건물보다 두 시간이나 먼저 점등했으니 나방들이 날아들기에 더할 나위 없이 좋은 조건인 것이다.

주변 건물보다 한 시간 늦게 점등하는 것으로 문제는 해결되었다. 주변 건물보다 한 시간 늦게 점등을 하니 나방들이 다른 곳으로 날아갔고, 나방들이 날아가니까 나방을 먹고 사는 거미들도 사라졌다. 거미를 먹는 비둘기도 자연스럽게 없어지면서 분비물도 사라졌다.

모든 결과에는 원인이 있다. 그 원인을 알면 해답을 손쉽게 찾을 수 있다. 기념관의 외벽이 훼손된 원인을 차근차근 따라가며 문제를 해결할 수 있었듯이 마음의 문제도 마찬가지다. 자신도 모르게 오래 지속되고 있는 슬픔이 있다면 더욱 깊어 힘들어지기 전에 그 슬픔의 원인을 찾아 좀 더 행복한 삶을 살 수 있도록 해야 한다.

우리 삶에
겨울이 없다면

'겨울이 길다 해서 봄을 포기할 수 없다'는 말처럼 추운 겨울이 지나고 나면 봄이 오기 마련이다. 한파로 고생을 하더라도 겨울도 끝은 분명 있다. 언제 그랬냐는 듯 꽃이 피고 새가 노래한다. 이 세상에 상처 없는 사람, 실패 안 해 본 사람, 시련 없는 사람은 없다. 우리 삶에서 실패와 시련은 어떻게 보면 피할 수 없는 일들이다. 그러니 잘 견디고 이겨 내야 한다.

살아가다 보면 수많은 고통과 고난을 만나게 된다. 광풍을 만날 때도 있고, 건너기 힘든 강을 만날 때도 있다. 중요한 건 바로 이때다. 힘든 상황에 처했을 때 어떻게 대처하느냐에 따라 삶의 방향이 달라지기 때문이다. 좌절과 실패를 경험했을 때 어떻게 반응할 것인가. 그 좌절과 실패가 자신을 더 깊은 수렁으로 빠뜨리도록 내버려 둘 것인가. 아니면 그 시련들을 더 많은 지혜를 끌어낼 수 있는 창조적인 체험으로 바꿀 것인가. 갈림길에서 어떤 길을 선택할 것인지는 전적으로 자기 자신에게 달렸다.

난관에 봉착했을 때 우리의 반응은 두 가지로 나타난다. 하나는 인내하는 것이고, 다른 하나는 포기하는 것이다. 인내하는 사람과 중도에 포기해 버리는 사람의 차이는 무엇일까? 좌절을 겪더라도 성공할 때까지 결코 포기하지 않는 인내심은 어디에서 나오는 것일까? 나는 그것을 열정이라고 생각한다.

스웨덴 속담에 이런 말이 있다.

"슬픔의 새가 머리 위를 지나가지 못하게 막을 수는 없지만, 그 새가 당신의 머리에 둥지를 틀지 못하게 할 수는 있다."

실패는 개인의 희망을 산산이 부숴 버리기도 하고, 가족과 친구들에게 고통을 안겨 주기도 한다. 그러나 고난의 과정 없이는 어떠한 좋은 결실도 볼 수 없다. 고난의 과정이 끝나면 밝은 희망이 기다리고 있다. 고난이 주는 유익함도 있다. 고난의 시기는 자신의 진정한 가치를 발견할 수 있는 매우 중요한 기회이기도 하다. 진정으로 믿을 수 있는 사람들을 발견하며, 자신의 새로운 특성을 찾아내기도 한다. 벽에 부딪히면 한발 물러서서 호흡을 가다듬고, 장애물을 새로운 도전의 기회로 생각하고 힘껏 껴안아야 한다.

우리가 아는 모든 영웅적 인물들은 좌절과 슬픔을 딛고 일어나 보란 듯이 승리를 거머쥔 사람들이다. 삶이라는 길을 걷다 보면 주저앉고 싶을 때가 많다. 그러나 잠시 쉴지언정 마냥 주저앉아 있어서는 안 된다. 인생은 우리에게 인내의 값을 요구하기 때문이다. 힘든 순간이 오면 끈기로 다시 일어서야 한다.

역경은 가면을 쓰고 찾아오는 축복이다. 그러니 역경에 처했을 때 우리가 해야 할 일은 너무나 명백하다. 먼저 역경을 축복으로 여길 것, 그리고 반드시 극복해서 또 다른 인생을 열어 가겠다고 결심하는 것이다.

걱정 없는 사람이 세상에 있을까? 누구나 다 하는 것이 걱정이다. 걱정은, 잠을 못 자게 하고, 식욕도 없게 하고, 현실로부터 무작정 멀리 달아나고 싶게 만들 정도로 위력이 대단하다. 머릿속에 수많은 시나리오를 썼다 지웠다 하면서 상당한 에너지가 낭비된다. 너무 오래 가면 슬럼프에 빠지고 우울증이 올 수도 있다.

불필요한 걱정을 피하고 싶다면 '오늘'을 살면 된다. 잠자리에서 일어나면서부터 취침할 때까지 오늘의 일만을 생각하고 생활하라는 의미다. 오늘에 집중하면 대부분의 걱정은 생각조차 나지 않게 된다. 불필요한 걱정을 계속하면 건강을 해치는 엄청난 대가를 치르게 된다는 것을 잊지 말아야 한다. 걱정만큼 사람을 빨리 늙게 하는 것도 없다.

둑의 제방이 낮으면 마을에 물이 범람해 들어오기 쉽다. 마음도 마찬가지다. 마음의 제방이 낮으면 쓸데없는 걱정이 들어오게 된다. 어떻게 하면 마음의 제방을 높일 수 있을까? 감정 관리를 통해 자기 마음의 완벽한 주인이 되는 것이 가장 확실한 방법이다.

우리는 살면서 크고 작은 상처를 입는다. 내가 원하든 원하지 않든, 의식적으로든 무의식적으로든 간에 우리는 다른 사람들에게 상처를 주고 또 우리 자신도 상처를 받는다. 마음에 상처를 받는다는 것은 많은 사람들이 보는 가운데 따귀를 맞는 것과 같다. 신체적 아픔보다 모욕감과 수치감에 자존감이 무너져 버린다.

신은 인간이 견딜 수 있을 만큼의 시련만 준다고 하지만, 그 말을 믿기 어려울 정도로 고통스러운 일이 계속될 때가 있다. 더 이상 상처를 견딜 수도, 새로운 희망을 찾을 수도 없다는 생각이 들 때 사람들은 절망한다. 그런 고통스러운 현실을 차마 마주하지 못하고 무릎을 꿇는 사람들도 많다. 아무리 괴롭고 힘들어도 포기하지 말아야 한다. 누구나 고난과 역경을 맞이하게 되는데 어떻게 이 시기를 슬기롭게 넘어가느냐에 따라 인생이 달라진다.

삶은 살아지는 것이 아니라 살아 내는 것이다. 세월의 등에 업혀 아침이 되면 일어나고, 밤이 되면 잠자리에 들며 그럭저럭 시간만 보내는 것이 아니다. 꿈을 가슴에 품고 희망을 향해 전진해야 한다. 비록 가시덤불 같은 세상이지만 조금씩이라도 나아가야 햇살이 비추는 곳으로 갈 수 있다. 그러니 절대 포기하지 말아야 한다.

16세기 일본의 무왕 다다오키 호사카우는 유명한 정치가로부터 이런 질문을 받았다.

"폐하께서는 어떤 사람이 가장 유능한 사람이라고 생각하십니까?"

"유능한 사람이란 아카시만의 굴과 같은 사람이오."

정치가는 그 답변을 듣고 이렇게 말했다.

"폐하의 말씀이 옳습니다."

그러나 주위의 많은 사람들은 그 말의 참뜻을 모르고 있었다. 그들 중 한 사람이 물었다.

"우리는 폐하의 말씀이 무엇을 의미하는지 이해하지 못하고 있습니다."

그때 정치가가 설명했다.

"아카시만은 여러 만들 중에서 폭풍우가 가장 심한 곳입니다. 폭풍우 때문에 거센 파도가 그곳에 서식하는 굴을 이리저리 때립니다. 그러나 그곳에서 가장 맛이 좋은 굴이 생산되고 있습니다. 역사적으로 볼 때 유능한 사람들은 역경을 딛고 탄생했던 것입니다."

우리가 살아가는 세상도 다르지 않다. 목표한 바를 이루기 위해 시련을 두려워하지 말고 용기 있게 행동한 사람들이 후회 없이 성공적으로 산다. 고난은 인생을 향기롭게 한다. 더운 날이 있으면 추운 날도 있다. 인생에 고난과 역경이 있으면 기쁨과 행복도 있다. 아무리 춥고 긴 겨울도 지나가기 마련이다. 지치고 힘들더라도 꽃이 피는 봄을 위해 견뎌 보자.

어떤 이별도
원하지 않는다

사랑은 두 사람이 만나 마음이 조화로운 하나가 되는 것이다. 누군가를 사랑한다면, 그 사람을 자신에게 맞추려고 하기보다 자신이 그 사람에게 맞추도록 노력해야 한다. 조금씩 서로에게 맞춰 가는 것이다. 서로가 조금씩 양보하며 이해할 때, 비로소 아름다운 사랑을 할 수 있다. 그래서 사랑하는 사람들은 서로 닮아 간다.

요즘 젊은 사람들은 사랑과 이별이라는 단어를 너무 쉽게 표현한다. 서로가 만나 조금만 마음이 맞는다는 생각이 들면 서슴없이 사랑한다는 말을 한다. 이런 사랑은 그리 오래 지속될 수 없다. 얼마 지나지 않아 두 사람은 처음 있었던 자리로 되돌아간다.

누군가를 사랑한다면, 사랑한다는 말보다 곁에 다가가 그 사람의 손 한번 따뜻하게 잡아 주는 게 더 큰 사랑의 표현이라고 생각한다.

사랑은 추운 겨울, 몸을 따뜻하게 데워 주는 모닥불과 같다. 그리고 꽁꽁 언 땅을 녹여 주는 봄 햇살과도 같다. 그렇기 때문에 사랑하는 사람의 마음은 언제나 넉넉하고 부드럽다.

사랑은 사람의 마음속에 고여 있는 어둠과 슬픔을 몰아낸다. 대신 눈부신 빛과 기쁨으로 채워 준다. 지금 누군가를 사랑하고 있는가? 그렇다면 모든 것을 주어도 아깝지 않을 만큼의 사랑을 하기 바란다. 훗날 사랑이 아픔을 안겨 준다고 해도 후회 없이 사랑할 수 있어야 한다.

한 남자가 있었다. 그는 미국 유학을 떠나기 전 중매로 만난 여자와 약혼 날짜를 잡던 날, 그녀를 집까지 데려다 주고 돌아오던 길목에서 느닷없이 잊고 지냈던 한 소녀를 기억해 냈다.

그 소녀는 8년 전, 재수 학원이 즐비했던 종로의 한 분식집에서 일했다. 그때 재수생이었던 그는 그녀를 보기 위해 분식집을 하루에도 몇 번씩 드나들곤 했다. 그에겐 외롭고 힘든 시간이었다. 의학 박사였던 부모님과 서울대를 다니는 형, 피아니스트로 성공한 누나 사이에서 2차 대학도 떨어진 그는 가문의 수치요, 부끄러운 존재였다.

어느 날, 밤일을 끝내고 혼자 돌아가는 그녀를 만났다. 그는 그녀를 따라 그녀의 집 앞까지 버스를 타고 갔다. 초라한 자취방에 그녀 혼자 살고 있었다. 그때부터 둘은 가까워졌다. 그녀는 고아원에서 자랐다고 했다. 그와는 너무나 다른 환경이었다. 그래도 그들의 사랑을 막지는 못했다. 교회를 다니는 그녀는 매일 새벽 그를 위해 기도했다. 그 덕분인지 그는 부모님이 바라는 서울대에 합격했고 가족들과의 사이도 회복되었다.

그는 그녀와의 결혼을 허락해달라고 부모님께 간청했다. 그러나 부모님은 그녀가 고아라는 이유 하나만으로 반대했다. 그는 그녀를 선택했고 집을 나와 그녀의 자취방으로 찾아갔다. 그러나 그녀는 그 어디에도 없었다. 미친 듯이 찾아다녔지만 그녀를 찾을 수 없었다. 시간이 지나자 그 모든 일도 조금씩 잊혀 갔다.

그리고 8년이 흐른 후, 잊은 줄로만 알았던 그녀를 기억해 낸 것이었다. 그는 무엇인가에 이끌려 그녀가 자랐다는 보육원을 찾아갔다. 그리고 그곳에서 그는 뜻밖의 놀라운 사실을 알게 되었다. 그녀가 6년 전, 아기 엄마가 되어 보육원으로 돌아왔다는 것이다. 그리고 자신의 아이와 보육원의 아이들을 돌보며 생활하다가 2년 전 세상을 떠났다고 했다. 그녀는 마지막 유품을 원장님께 전해주며 혹시 누가 찾아오면 주라고 했다고 한다. 그것은 낡은 성경 한 권과 닳고 닳은 십자가 목걸이였다. 그는 오랫동안 통곡했다. 잠시 후 원장님은 일곱 살짜리 남자아이를 데리고 왔다. 너무나도 자신을 닮은 아이였다.

진심으로 사랑하는 사람들 사이에는 서로 보이지 않는 끈이 이어져 있어 그가 어디에서 무엇을 하고 있든지 언젠가는 다시 만날 수 있도록 이끌어 준다.

문화 인류학자 에드워드 홀Edward T. Hall은 개인 영역을 네 가지로 구분했다.

부모 자식 간이나 연인, 부부 사이처럼 신체 접촉이 허용되는 친밀한 관계에서는 45센티미터 미만의 밀접한 거리, 친구나 직장 동료처럼 가까운 지인의 경우에는 45~120센티미터에 해당되는 개인적 거리, 인터뷰나 공식적인 만남 같은 상황에서는 120~370센티미터에 해당하는 사회적 거리, 무대 위의 공연자와 관객 사이에는 370센티미터를 초과하는 공적인 거리가 유지되어야 한다는 것이다. 절대적인 기준은 아니지만 상대가 누구냐에 따라 편안함을 느끼는 거리가 각각 다르다는 것은 분명한 사실이다. 이것을 무시하고 다가가면 상대는 불편함을 느끼게 된다.

서로 좋아서 사랑을 시작하지만 서로 상처 주며 아프게 헤어지는 연인들이 많다. 아무리 사랑하는 사람이라도 자신의 상처까지 치유해 줄 수는 없다. 우리의 감정을 책임져야 할 사람은 우리 자신이지 다른 사람이 될 수 없기 때문이다. 우리는 그의 생각과 나의 생각이 다를 수밖에 없다는 것을 인정하고, 우리 자신은 물론 상대방을 이해하려고 노력해야 한다.

사랑한다는 것은 두 사람이 똑같은 걸 느끼고 똑같이 생각하는 것이 아니라 서로 다른 두 사람이 조화를 이루며 살아가는 것이다.

그 사람을 내 옆에 두고 마음대로 하는 게 사랑이라고 생각해서는 안 된다.

주위에는 누군가와 함께 있어야 행복을 느끼는 사람들이 있다. 헤어진 연인을 잊기 위해 허겁지겁 새로운 사람을 만나고 혼자 있는 시간을 견디기 힘들어한다. 어떤 사람은 이혼하고 나서 지인들에게 창피해서 재혼을 서두르기도 한다. 다른 사람과 연결되어 있다는 사실을 확인해야 안심하는 그들에게 어쩌면 자립이라는 말은 너무도 가혹한 일인지도 모른다. 그러나 사랑에 매달릴수록 사랑은 멀어진다.

연인들은 헤어지는 과정에서 상대에게 거부 당했을 때 가장 심하게 상처 받는다. 상대에 대한 애정이 아직 많이 남아 있는 상태라면 고통만큼 증오심도 커진다. 사랑하는 사람에게 거부 당했을 때 상처가 클 수밖에 없는 이유는 믿음 때문이다. 이 상처 받은 믿음 때문에 이별을 원하지 않는 것이다.

과거의 상처를 드러내는 것은
여전히 어렵다

최고의 상담사는 '택시 기사'라는 말이 있다. 비밀을 이야기해도 보안이 유지된다는 믿음에 사람들이 속내를 털어놓는다. 흔히 좋은 사람이 되기 위해서는 다른 사람의 문제에 대한 해결책을 제시해 주어야 한다고 생각한다. 물론 적절한 조언으로 도움을 줄 수 있지만, 진정한 조언은 상대방의 이야기에 공감해 주는 것이다. 진심으로 그 상황을 이해하고 공유했을 때 상대방도 마음을 열게 된다.

과거의 상처를 인정하고 받아들이기란 말처럼 쉽지 않다. 괜스레 다른 사람들에게 책잡힌다는 생각이 들기 때문이다. 이런 생각은 자신과 과거를 용서하지 않고 창피하게 생각할 때 든다. 그렇지만 아픈 기억을 숨기기보다 더욱 자신 있게 드러내는 것이 중요하다.

과거의 상처를 인정하는 것은 자기 자신을 용서하는 일이다. 자신의 아픈 과거를 받아들이고 위로할 때 발전할 수 있다. 자신의 상처를 무조건 남의 탓으로만 돌리지 말아야 한다. 상처를 준 상대를 평생 미워하고 증오해 봐야 전혀 도움이 되지 않는다. 상대방을 탓하고 원망하는 것은 자신의 인생을 망치는 일이다.

러시아 작가 톨스토이의 작품 중에 〈집 지은 사람의 잘못일까〉라는 작품이 있다. 이 작품에는 자신의 실수를 다른 사람 탓으로 여기며 원망하는 사람들의 이야기가 담겨 있다. 톨스토이는 어린 시절 누이를 통해 깨달은 일을 소재로 이 작품을 썼다고 한다.

톨스토이의 아버지는 도자기를 수집하는 것이 취미였다. 어린 시절 그의 집에는 좋은 도자기가 많았다. 아버지는 하루에 한 번씩 그 도자기들을 일일이 닦아서 보관할 만큼 도자기를 아끼고 소중하게 여겼다.

어느 날 아버지가 새로운 도자기를 사 왔다. 자그마하고 고운 빛깔을 내는 그 도자기를 본 여동생이 아버지에게 그것을 달라며 졸랐다. 아버지는 도자기를 선뜻 딸에게 주지 않았다. 며칠 뒤 크리스마스를 앞두고 여동생은 아버지가 기분 좋은 틈을 타서 또다시 도자기를 달라고 조르기 시작했다. 아버지가 다시 한 번 안 된다고 말하자 여동생의 눈에선 눈물이 흘러내렸다. 딸이 우는 것을 보고 아버지가 다정하게 말했다.

"그래, 네가 그토록 좋아하니 가지거라."

간신히 아버지의 허락을 받은 여동생은 기뻐서 어쩔 줄을 몰랐다. 신이 난 여동생은 도자기를 들고 오빠 방으로 뛰어갔다. 그런데 그 순간 문턱에 걸려 넘어지면서 도자기는 산산조각이 나고 말았다. 부서진 도자기 조각을 보고 화를 내며 여동생은 말했다.

"문턱이 너무 높아서 그랬어. 우리 집을 지은 사람이 대체 누구예요? 누가 우리 집을 이렇게 지어서 나를 넘어지게 했느냐 말이에요!"

자신의 실수는 탓하지 않고 집을 지은 사람을 원망하는 동생을 보고 있던 톨스토이는 어이가 없었다. 그날 일은 그에게 깊은 깨달음을 주었다.

이처럼 우리도 자신의 상처와 고통을 전부 타인에게 전가할 수 있다. 그리고 모든 이유를 상대에게 돌리고 원망한다. 누구에게나 자신의 아픈 과거를 인정하기보다 이런저런 핑계를 대며 둘러댄 기억이 있을 것이다. 사실 자신의 상처를 꺼내 보이기는 쉽지 않다. 그렇지만 자신의 부족한 부분을 남의 탓으로 돌리며 언제까지 그렇게 살 수는 없다. 아픈 과거에 매이지 않아야 한다.

어린 시절 감당할 수 없을 정도의 정신적 충격을 경험한 사람은, 상처를 들여다볼 엄두도 내지 못하고 두려움의 늪에 빠져 비슷한 상황에서 똑같이 움츠러든다. 그들은 쉽게 우울증에 걸리고, 자신은 능력 없고 사랑 받을 수 없는 존재라며 스스로를 비하한다.

자신의 진실한 모습과 만나기 위해서는 자신의 분노와 두려움을 마주할 수 있어야 한다. 그 분노의 뿌리가 어린 시절 겪었던 정신적인 상처와 관련된 두려움과 수치심인지 확인할 필요가 있다. 그 분노가 일상에서 어떻게 자극되어 발현되는지 스스로 성찰의 시간을 가져야 한다.

상처라는 게 본래 평상시에는 자신의 모습 뒤에 숨어 있다. 하지만 과거의 상처를 떠올리게 하는 일과 맞닥뜨리면 용수철처럼 튀어나와 신경을 곤두서게 만든다. 마음의 상처를 가진 사람이 같은 상처를 두 번 받았을 때 느끼는 모욕감과 아픔은 상상할 수 없을 만큼 격렬하다.

사회생활에 어려움을 겪는 사람이나 우울증에 걸린 사람들도 마찬가지다. 근본적인 상처는 겉으로 드러나지 않는다. 과거의 상처로 힘들어하는 사람들 중에 부부도 많다. 배우자의 치유되지 않은 상처가 결혼 생활에 많은 악영향을 주기 때문이다. 상담하러 오는 부부들을 보면 상대방에게 받은 상처를 끌어안고 몇십 년을 그냥 참고 살아온 사람들이 많다. 자신의 진짜 마음은 숨긴 채 사소한 일로 서로 시비를 걸고 싸운다.

특히 부부는 자신의 부족한 부분을 배우자로 하여금 채우려는 습성이 있다. 우리는 결혼을 하거나 연애를 하면 상대방에게 기대하기 시작한다. 상대방이 특별한 사람이 되길 원하고, 그가 불완전한 자신을 완벽하게 채워 주기를 기대한다. 그 기대가 실망이 되고 미움과 원망으로 이어져 엄청난 고통을 안겨 준다. 우리는 사랑한다는 이유로 배우자에게 과도한 기대와 사랑을 요구하는 경우가 많다.

어린 시절 힘들었던 경험은 우리에게 흔적을 남기기 마련이다. 부모와의 관계나 집안 분위기 등 어린 시절의 경험은 우리 인생의 안내자 구실을 한다. 그것이 긍정적이든 부정적이든 우리 인생은 이 경험에 따라 방향이 정해진다. 현재의 감정이나 행동은 과거의 감정과 행동에 많은 영향을 받기 때문이다.

어린 시절 상처 입은 내면의 자아 때문에 육체적으로는 성인이 되었음에도 과거에 사로잡혀 힘들게 살아가는 사람들이 많다. 어린 시절의 상처나 결핍으로 한 사람의 인생이 바뀔 수 있다. 상처나 결핍이 심할 경우 정서적 기능을 마비시키고 부정적 감정이 몸과 마음을 뒤덮는다. 어린 시절에 상처가 없는 사람은 낙천적으로 성장하지만, 상처가 많은 사람은 비관적이고 염세적인 인생관을 갖고 성장하게 될 가능성이 크다. 우리는 모두 각자의 마음속에 '마음 공장'을 가지고 있다. 긍정의 재료를 넣으면 긍정의 결과물이 만들어지고, 부정의 재료를 넣으면 부정의 결과물이 나온다.

사람이 인생을 살아가다 보면 이런저런 불행한 일들과 맞닥뜨리게 된다. 인생은 궁극적으로 과거의 상처에서 벗어나 진정한 자아를 찾기 위한 여정이다. 똑같이 부당한 일을 당해도 어떤 사람은 상처를 입고 어떤 사람은 상처를 입지 않는다. 그 차이는 있는 그대로의 나를 사랑하는 마음, 자존감에 달려 있다. 자신을 사랑하는 사람은 상처가 인생을 망치도록 놓아두지 않는다. 그 누구도 자신에게 상처를 줄 수 없다. 상처를 받을지 안 받을지 선택권은 자신에게 있다.

자존감 높이는 방법

초등학생 아들을 둔 엄마로부터 한 통의 메일을 받았다.

"얼마 전 아이 담임 선생님과 상담을 했는데 우리 아이가 자존감이 부족하다고 하시더군요. 아이가 평소 자신감이 없고, 어려운 일이 닥치면 쉽게 포기해 버리는 성향이 있어요. 하지만 정말 말 잘 듣는 착한 아들입니다. 우리 아이가 자존감이 부족하다는 것은 무슨 뜻일까요?"

'자존감'은, 자신이 능력이 있고 중요하며 가치 있는 존재라고 스스로 믿는 것을 뜻한다. 자존감이 낮은 사람은 자신이 다른 사람보다 못한 존재라고 여겨 쉽게 용기를 잃고 좌절하게 된다. 그래서 충분히 할 수 있는 일조차 실패가 두려워 시도하지 않고, 어려운 일이 닥치면 미리 겁먹고 포기하게 된다. 반면 자존감이 높은 사람은 스스로 자신이 가치 있는 존재라고 여기기 때문에 자신감 또한 강하다. 그래서 살면서 시련과 역경이 닥쳐도 굴하지 않고 끝까지 밀고 나간다.

미국 하버드대학교 조세핀 킴Josephine Kim 교수는 "자존감은 인생을 살아가는 데 꼭 필요한 핵심 요소 중 하나다. 자존감은 학업뿐만 아니라 삶의 거의 모든 영역에 영향을 준다"고 강조한다.

최경선의 《스칸디식 교육법》이라는 책에는 자존감에 대해 이렇게 설명되어 있다.

"자존감이 낮은 사람들은 다음과 같은 특징이 있다. 시련이 닥치면 피하려고 한다. 기쁠 때는 행복해하지만 가까이 있는 사람이 슬프거나 아프면 함께하기보다 회피하려고 한다. 모든 문제를 상대방의 탓으로 돌린다. 남들에게 비난 받고 미움 받고 버려지는 것이 두려운 나머지 이기적으로 행동하고 자신에게 집착한다. 사람들하고의 관계가 원만하지 않다. 쉽게 짜증을 내고 화를 내며 불안해한다. 조울증이 있다. 잘 모르는 사람하고 있을 경우, 주의가 산만해지며 마음이 불편한 나머지 그 자리를 피하게 된다. 내 가정에서보다는 남들한테 친절하고 인정받는다. 집안에서는 인색하지만 타인에게는 후하다. 배우자를 비난하고 자식을 비난하고 타인과 세상을 비난한다. 그리고 주변 사람들과 자주 싸운다. 타인의 말에 쉽게 상처 받기 때문에 상처 받지 않으려는 자기방어적 수단으로 분노를 사용한다. 자신에게 좋은 감정을 갖지 못하는 탓에 항상 다른 사람의 부족한 점을 끄집어낸다. 연애 때는 잘해 주지만 결혼하면 달라진다. 연애 때는 행복감만 있지만 결혼은 현실이라서 고통이 따르기 때문이다. 조그만 고통도 크게 느끼고 스트레스에 아주 민감하다. 항상 마음속이 공허하기 때문에 다양한 중독에 빠지기 쉽다."

자의식이 강한 사람은 쉽게 마음을 다치지 않는다. 자신의 말과 행동, 그리고 자기 자신에 대해 강한 신념을 가지고 있어서 마음을 다치는 일도 상대적으로 적다. 하지만 자신에 대한 믿음과 사랑이 부족한 사람, 즉 자신을 보잘것없는 존재로 여기는 사람일수록 남이 자기를 비판하거나 거절할 때 상처를 많이 받는다.

그런 사람들은 자꾸 자기를 평가 절하하며 심한 열등감에 시달린다. 그러다 열등감으로 자기 불신마저 커지면 상대를 외면하거나 아예 세상에서 도피하여 마음의 문을 닫아 버린다.

사람들이 상담을 하러 오는 이유는 건강 문제 때문일 수도 있고, 가정 내의 불편한 관계 때문일 수도 있다. 인간관계가 원만하지 않아 오는 경우도 있다. 하지만 이 모든 문제는 결국 자존감과 직결된다. 자신을 있는 그대로 사랑하고 인정하고 신뢰할 때 새로운 삶이 시작된다. 자신을 사랑하려면 먼저 자신을 비난하는 것을 멈춰야 한다. 비난은 우리를 부정적인 사고방식 속에 가둬 변화를 두려워하게 한다. 겉으로 드러난 문제가 무엇이든 나를 찾아오는 모든 내담자들에게 부탁하는 한 가지가 있다. 바로 '자신을 사랑하기'다.

자신을 사랑하면 인생에 기적이 일어난다. 사랑이란 자신을 존중하고 우리의 몸과 마음에서 일어나는 기적에 감사하는 태도이다. 잠들기 전후로 거울을 들여다보며 자신의 이름을 말하고 "나는 너를 있는 모습 그대로 사랑하고 받아들인다"고 말하면 된다. 매일 반복하다 보면 자신도 모르게 힘이 생기고 자존감도 높아진다.

성공학 연구자인 나폴레온 힐Napoleon Hill의 말, "나는 매일 모든 면에서 점점 더 좋아지고 있다"고 따라서 말해 보길 권장한다. 자주 이 문장을 말하다 보면 조금씩 자신의 삶이 좋아지는 것을 느낄 수 있다.

호주의 한 언론에서 '살아 있는 성인에 가장 가까운 사람'이라고 평가 받은 영적 치유의 선구자인 루이스 L. 헤이Louise L. Hay의 《있는 그대로의 나를 사랑하라 치유》에 거울을 이용하여 자존감을 높이는 방법이 조금 더 자세히 나와 있다.

거울 앞에 서서 자신의 눈을 깊이 들여다보고, 목을 만지면서 다음과 같이 열 번을 말하라. "변화를 거부하는 마음을 모두 버릴 거야."

거울을 이용하는 방법은 매우 효과적이다. 언젠가 자신을 손가락질하며 부정적인 말을 했던 사람들이 있을 것이다. 그들에게서 부정적인 메시지를 받아들였기 때문에 어른이 되어 혼자 거울을 볼 때도 자신에게 부정적인 말을 한다. 외모를 비판하거나 다른 이유를 들어 자신을 무시한다. 이제는 부정적인 말 대신 나를 칭찬하는 말을 해 보자.

루이스 L. 헤이는 또 《나는 할 수 있어》에서 다음과 같이 자존감을 높이기 위한 자기 긍정 확언을 정리했다.

"나는 나 자신에 대해서 좋게 느끼기로 선택한다. 나는 나 자신의 사랑에 대해 가치를 느낀다. 내가 나 자신을 위해서 큰 소리로 용기 내어 말하는 것은 안전하다. 다른 사람이 말하고 행동하는 것은 중요하지 않다. 중요한 것은 내가 나 자신에 대해서 믿기로 선택한 것과, 내가 어떻게 반응하느냐이다. 나는 숨을 깊이 들이마시고 내 자신이 이완되도록 한다. 내 몸 전체의 긴장이 풀어진다. 나는 세상을 사랑과 인정의 눈으로 본다. 나의 세상에서는 모든 일이 좋다. 나는 나 자신을 존중하므로 자존감도 높다. 나는 싸우거나 고통 받는 어떠한 욕구라도 기꺼이 내보낸다. 나는 좋은 것들을 받을 자격이 있다. 나에게 모든 것은 너무 적지도 너무 많지도 않다. 그리고 나는 나 자신을 다른 사람에게 증명할 필요도 없다. 오늘 어떤 사람도, 장소도, 사건도 나를 괴롭힐 수 없다. 나는 평화로운 것을 선택한다.

내가 만드는 어떤 문제라도 자신감을 가지고 해결책을 찾을 수 있다. 삶은 모든 가능한 방법으로 나를 지지하고 도와준다. 나는 삶에서 전진할 수 있는 자존감이 있고, 힘이 있으며 자신감이 있다. 나는 다른 사람들을 그들의 있는 모습 그대로 받아들인다. 반대로 그들도 나의 있는 모습 그대로를 받아들인다."

매 순간 우리가 하는 불평이나 불만은 우리 인생을 조금도 더 나아지게 하지 못한다. 자신의 말이나 생각하는 방식을 바꾸기 전까지는 인생이 주는 좋은 것들을 받을 수 없다. 그러므로 이제부터라도 말하는 방식을 바꾸어 자존감도 높이고 더 나은 삶을 살 수 있길 바란다.

Part 2

모든 상처는
이름을 가지고 있다

둘이 되고
더 외로운 사람들

"오늘 시간 되니? 술 한잔 할래?"

친구들 중에 가장 늦게 결혼한 친구에게서 전화가 왔다. 결혼 전 다양한 취미 생활을 하며 즐겁게 보내던 친구는 막상 결혼하고 나니 생각한 만큼 결혼 생활이 즐겁지 않다고 푸념을 했다. 나 또한 친구의 말이 십분 이해된다. 결혼이라는 꿈과 낭만이 가득한 환상의 결승선을 향해 많은 사람들이 결혼을 한다. 하지만 결혼은 현실이다.

한번은 운전을 하며 라디오를 듣다가 '결혼은 미친 짓이야'라는 노래 가사를 듣고 깜짝 놀랐다. 나중에 확인해 보니 〈화려한 싱글〉이라는 노래였다.

"결혼은 미친 짓이야. 정말 그렇게 생각해. 이 좋은 세상을 두고 서로 구속해 안달이야. 모두 영원하자 약속하지. 어이가 내 뺨을 때려."

흥겹기도 했지만 가사가 충격적이다. 행복해도 모자랄 결혼 생활이 오히려 불행하게 느껴진다면 곰곰이 생각해 볼 일이다.

건강하고 행복한 가정을 이루는 것은 단지 의지만으로 되는 문제는 아니다. 부부에 대한 마음가짐에 앞서 의지만 있는 부부는 오히려 부부 사이를 더욱 부담스럽고 힘들게 할 수도 있다. 행복한 부부가 되기 위해서는 서로 양보하고 배워야 한다. 결혼 생활을 힘들어하는 사람들에게는 공통된 특징이 있다. 서로에게 더 많은 것을 얻으려고 하고 도움 받고 싶어 한다. 배우자에 대한 기대 심리가 높기 때문이다.

그리고 앞서 얘기했던 과거의 치유되지 않은 상처는 부부 관계를 형성하는 데도 많은 영향을 미친다. 배우자에게서 문제를 찾으려고 하면 행복한 부부로 가는 길에서 점점 멀어지게 된다. 자신의 지난날의 상처와 아픔을 온전히 받아들이고 치유가 되었을 때에야 비로소 배우자를 있는 그대로 바라볼 수 있게 된다. 그것은 부부가 서로 각자 어린 시절의 상처로 인한 고통을 마음으로 공감하고 존중하는 데서 시작되기 때문이다. 그때 비로소 진정한 변화가 찾아온다.

어린 시절 부모가 자주 다투는 것을 보고 자란 아이가 있다. 그 아이는 무엇이 불안한지 주변 사람들이 예쁘다고 안아 주려고 해도 엄마 품에서 한시도 떨어지지 않으려 했다. 부모가 다투는 것이 모두 자신 때문이라고 자책하며 부모의 불행을 모두 자신의 것으로 받아들였다. 부모의 심리적인 문제를 자신이 해결해야 할 문제로 여겼고, 그것은 곧 아이의 무거운 짐이 되었다. 부모에게 작은 문제라도 생기면 자신의 존재가 흔들릴 것만 같아 늘 부모의 표정과 행동, 감정 변화에 민감하게 반응했다. 아이에게 부모는 이 세상에서 자신을 지켜 주는 유일한 존재이기 때문이다.

위에서 말한 아이는 바로 나다. 상처 받은 내면을 치유하는 데는 굉장히 오랜 시간이 걸렸다. 다행히도 지금은 많이 회복되어 이제는 상처 받은 내담자들을 치유하는 심리 치유 상담일을 하고 있다. 어려서 부모가 싸우는 모습을 지켜보는 것만큼 고통스러운 일도 없다. 그래서 나는 어렸을 때부터, 어른이 되면 어머니의 고통 받은 인생을 보상하고 말겠다는 굳은 의지도 함께 키워 나갔다. 이는 내가 또래보다 좀 더 빨리 철이 들고 사회생활을 일찍 시작하게 된 계기가 되었다.

나는 아이들에게 아내와 언성 높이는 모습을 보여 주지 않으려고 노력한다. 어릴 때 부모님이 다투시는 모습을 자주 보고 자란 나는 내 아이들에게는 그런 상처를 주고 싶지 않기 때문이다. 그래서 좋은 아버지가 되려고 노력한다. 함께 저녁 식사를 하는 경우에는 자주 내가 설거지를 하는 편이다. 주부 습진이 심한 아내를 위한 마음도 있지만, 아이들에게 가정적인 아버지로 보이고 싶기 때문이다.

내가 이렇게 변하기까지는 꽤 많은 시간이 걸렸다. 어릴 적부터 아버지의 자상함이나 가정적인 모습을 본 적이 없었기 때문에 나는, 가정을 이루었지만 내 가족에게 어떻게 대해야 할지 잘 몰랐다. 하지만 관련 책들을 보며 나름대로 어떻게 행동하는 것이 좋을지 고민하고 내 행동을 고쳐 나가자 내 모습도 조금씩 달라지기 시작했다.

부부 싸움은 부부 둘만의 문제가 아니라 집안 전체의 문제다. 가정의 중심인 부부가 싸우면 집안 분위기 또한 경직되고 긴장된다. 이는 아이에게 불안감을 주고 아이의 마음에 커다란 상처로 남을 수 있다.

아이들 문제로 힘들어하는 부모들이 많다. 이는 단순히 아이만의 문제가 아니다. 가슴속 깊이 응어리져 있는 부모의 상처가 아이에게 재현되고 있는 것이다. 문제 행동에 얽혀 있는 부모의 감정 상태와 성장 과정을 듣고 있으면 그 끝에 부모의 상처를 닮아 가고 있는 아이가 있다.

많은 사람들이 결혼을 하면 외롭지 않을 것이라는 환상을 갖고 있다. 혼자인 게 싫어서, 혼자 밥 먹는 게 지겨워서, 의지할 사람이 필요해서 결혼했다는 사람도 많다. 또 이혼한 사람은 이혼했다는 사실이 창피하기도 하고 혼자인 것이 외로워서 재혼을 서두르는 경우도 있다.

그런데 역설적이게도 우리는 대개 자신과 가까이 있는 사람들 때문에 외로움을 느끼거나 상처를 받을 때가 많다. 우리가 외로운 것은 타인으로부터 사랑받지 못해서가 아니다. 그보다 더 근본적으로 나 자신에 대한 사랑, 즉 자존감이 결여되어 있기 때문이다. 자존감이 낮은 사람은 주변 사람들로부터 충분한 사랑을 받고 있을지라도 그 사랑이 자신의 공허한 마음을 채우기에 부족하다고 느낀다.

최근에 한 TV 프로그램에서 부부가 외로움을 느낄 때가 언제인지 조사했다. 아내가 외로움을 느낄 때는,

1위, 남편이 곁에 있는데도 외로울 때
2위, 속마음을 터놓고 싶은데 이야기할 사람이 없을 때
3위, 예쁘게 차려입었는데 만날 사람이 없을 때

였고, 남편이 외로움을 느낄 때는,

1위, 아내 말고는 만날 수 있는 여자가 없을 때
2위, 직장에서 받은 스트레스를 아내가 이해하지 못할 때
3위, 가을이 왔을 때

로 조사되었다.

누구나 배우자와 마음을 터놓고 편하게 대화하지 못하는 경우 더욱 외로움을 느낀다. 사람들은 힘들거나 괴로울 때 가까운 사람에게 의지하고 싶기 때문이다.

미국의 한 만화에 다음과 같은 의미심장한 내용이 있다.

남편이 앉은 운전석으로부터 부인이 멀리 떨어져 앉아 있다. 부인이 남편에게 말한다. "우리가 젊어서는 다정하게 바짝 붙어 앉아서 차를 타고 다녔는데, 지금 이렇게 간격이 벌어진 것은 어째서지요?" 그러자 남편이 부인에게 대답한다. "난들 알 수가 있소? 젊어서나 지금이나 내가 앉아 있는 운전석은 한 번도 움직인 일이 없지 않소?"

결국 두 사람이 가까워지려면 누군가 움직여야 한다. 문제를 해결하려면 언제나 내가 먼저 움직여 상대에게 다가가야 한다. 자존심을 세우고 버티다가는 거리만 멀어질 뿐이다.

결정적 순간마다
발목을 잡는 나쁜 기억

　김 대리는 프로젝트를 발표할 때 너무 긴장한 나머지 번번이 실패한다. "이번에는 정말 연습 많이 했는데……"라며 자책해 보지만 이미 중요한 발표는 끝나 버린 상태다. 학창 시절 책을 읽을 때마다 말을 더듬던 기억 때문에 성인이 된 후에도 여전히 긴장을 하는 것이다. 이처럼 어릴 적 경험했던 크고 작은 실수들은 좀처럼 기억에서 사라지지 않는다. 이런 나쁜 기억들은 시간이 흘러도 잊히지 않고 머릿속에 남아 과거와 비슷한 상황에 처하게 되면 되살아난다.

　사람들은 갑자기 찾아온 문제를 만나면 당황한 나머지 불안에 휩싸인다. 불안은 다시 두려움을 불러일으키고 급기야 스스로를 깊은 곤경에 빠뜨리기도 한다. 그러면서 과거에 실수했던 기억들이 줄줄이 떠오르는 것이다. 우리는 매일 온갖 걱정으로 불안해한다. 만나고 있는 이성 친구가 나를 떠날지도 모른다는 생각, 대학교 졸업 후 취업에 대한 막연한 걱정, 구조조정으로 인해 다니는 직장을 잃을지도 모른다는 불안 등 수많은 근심과 걱정 때문에 항상 가슴이 조마조마하다.

이런 감정들은 어릴 적 발달 과정에서 부모와 어떤 관계를 맺느냐에 따라 성인이 되어서도 심리 발달에 큰 영향을 준다. 특히 아동기나 사춘기 때 부모와의 관계 형성에 문제가 생기면서 받은 상처나 부정적인 감정은 시간이 지나면서 잊히거나 없어지지 않고 마음 밑바닥에 가라앉아 있다가 유사한 상황이 재현되면 문득 되살아난다.

상담하다 보면 자연스럽게 어린 시절 가족과의 추억을 말하게 된다. 가족과의 관계는 태어나서 처음 맺는 인간관계이자 대인 관계의 근본인 만큼 고민과 갈등이 생겨나는 원인이기도 하다. 그래서 자신을 되돌아볼 때 가족 이야기가 나올 수밖에 없다.

어릴 때 심하게 말을 더듬는 아이가 있었다. 또래 친구들에게 늘 놀림을 받았고 외톨이로 지냈다. 엄마는 그런 아들의 모습이 안쓰럽고 안타까웠다. 그래서 어느 날 아들에게 이런 말을 해 주었다.

"아들아, 너만이 가진 장점에 대해 왜 부끄러워하니? 용기를 가지렴. 네가 말을 할 때 더듬는 이유는 네 생각이 말보다 빠르기 때문이란다. 그만큼 넌 다른 아이들보다 생각하는 속도가 빠른 거야. 그러니 말을 더듬는다고 주눅 들 필요는 없어. 알았지? 넌 남들보다 생각이 더 앞선 아이야. 괜찮아."

세계적인 기업인 GE의 최고 경영자를 지낸 잭 웰치Jack Welch의 이야기다.

대부분의 사람들이 자신의 부족한 점만 생각하고 남들과 비교하여 항상 자신을 부족하다고 여긴다. 그럴 경우 의기소침하고 자존감이 낮게 성장하기 마련이다. 성격의 장점과 단점은 해석하는 관점에 따라 다르다. 장점이 단점이 될 수도 있고 단점이 장점이 될 수도 있다. 남들이 봤을 때 단점으로 보일 수 있는 말 더듬는 습관을 장점으로 부각시킨 잭 웰치의 어머니는 그래서 대단하다. 관점을 조금 바꿨을 뿐인데 단점이 장점으로 뒤바뀐 것이다.

결혼해서 두 자녀를 키우고 있는 30대 중반의 여성이 있다. 아파트 저층에 살고 있는데, 무더운 여름에도 불안해서 문을 열지 못한다. 한여름에도 창문을 모조리 잠그고 잠을 잔다. 어릴 적 기억 때문이다. 그녀가 초등학생일 때 부모님이 이혼을 했고 그녀는 어머니와 단둘이 살게 되었다. 어머니는 일 때문에 저녁 늦은 시간이 되어서야 집으로 돌아왔고, 그녀는 아무도 없는 집에서 어머니가 올 때까지 혼자 기다려야 했다. 혼자 집에 있으면 누군가 집에 들어올 것 같은 공포감에 사로잡혔고 그 기억은 어른이 된 지금도 그녀의 삶에 영향을 미치고 있다.

사람들은 평상시 부정적인 생각을 많이 한다. 그것은 우리 뇌에 아미그달라, 즉 편도체가 있기 때문이다. 아미그달라는 생존을 책임지기 때문에 과거에 겪었던 불행한 기억이나 위험한 상황들을 기억하고 있어 미리 직감적으로 공포를 감지하고 신호를 보낸다. 실수했거나 실패했던 기억, 실연을 당했던 기억 등 과거와 유사한 상황이 재현되면 미리 알아차리게 한다.

미국 국립과학재단National Science Foundation에 따르면, 사람들은 하루에 5만 가지 생각을 한다고 한다. 그 가운데 10퍼센트만 쓸모 있는 것이고 나머지 90퍼센트 이상은 부정적인 것이라고 한다. 교토대학 연구팀은 사람들에게 "20대에 고민했던 것들이 정말 가치가 있었습니까?" 하고 물어보았다. 사람들은 "5퍼센트 정도만 가치 있는 생각이었고, 나머지 95퍼센트는 삶에 아무런 영향도 미치지 못하는 부정적인 생각들이었다"고 응답했다. 즉 우리는 깨어 있는 인생의 90~95퍼센트를 아무 쓸모없는 부정적인 생각에 허비하는 것이다.

단순히 안 좋은 추억으로 남아 있는 기억들이 있는가 하면, 외상후 스트레스 장애PTSD를 겪을 만큼 심각한 경우도 있다. 2003년 대구 지하철 참사로 사랑하는 가족들을 잃은 사람들은 10년이 지난 지금도 그 상처를 안고 살아간다. 주변에서는 "다 지난 일이니 잊어요"라며 위로를 하지만 그들의 마음 한쪽에는 여전히 절망감이 있다.

아시아나항공 여객기 착륙 사고를 겪은 탑승자와 가족들도 마찬가지이다. 사고 이후 비행기를 타는 데 어려움을 겪는다. 뇌리에 사고 당시의 기억이 강하게 자리 잡고 있기 때문이다. 문제가 크고 작든 간에 당사자는 적지 않은 마음의 고통을 겪는다.

초대 교부 성 요한 크리소스톰의 〈너 자신을 아프게 하지 말라!〉에 이런 말이 있다.

"상처를 입는 사람은 다른 사람들로부터 상처를 받는 것이 아니라 자기 스스로 상처를 내는 것이다. 자기 자신에게 상처를 내지 않는 사람은 끝없이 많은 고통을 당해도 강해진 채 고통에서 걸어 나온다. 자기를 스스로 배반하는 사람은 자신으로부터 고통을 당하고, 아무도 그를 반대하지 않아도 그는 무너져 나락으로 떨어지고 만다. 비록 아주 많은 사람들이 그에게 상처를 내고 부당하게 대할지라도, 그는 항상 다른 사람을 통해서가 아니라 자기 자신을 통해 고통을 받는다. 우리는 우리 자신을 위하여 깨어 있고 분별력을 갖도록 하자. 그리고 모든 쓸쓸한 일을 고귀한 마음으로 참아 견디어 내자."

그렇다. 더 이상 스스로 마음의 감옥을 만들지 말자. 내 마음의 빗장을 열어 두어야 비로소 세상으로 한발 다가설 수 있다.

흑인이면서, 100킬로그램이 넘으며, 사생아에, 지독히 가난한 어린 시절을 보냈으며, 9살에 사촌 오빠로부터 강간을 당하고, 마약 복용으로 수감되고, 친척들의 학대를 받았으며, 14살에 미혼모가 되는 등 불행한 과거를 가진 여성이 있다. 바로 '20세기의 인물' 중 한 명으로, 그리고 '세계 10대 여성'으로 선정된 오프라 윈프리 Oprah Winfrey의 이야기이다. 토크쇼의 여왕 오프라 윈프리는 이렇게 말했다.

"저는 그동안 사람들에게 각자 꿈을 가질 필요와 그것을 이룰 수 있다는 확신에 대하여 자주 이야기하곤 했습니다. 그것은 분명한 진실입니다. 처음에는 몇 번의 좌절 때문에 어려움을 겪기도 했죠. 하지만 그러한 좌절은 저에게 어떠한 것도 이겨 낼 수 있다는 가르침을 주었습니다. 우리가 불가능하다고 여기는 모든 것들을 우리는 할 수 있습니다."

그녀는 상상할 수 없을 정도의 불행한 일들을 경험했다. 하지만 불행으로 점철된 과거를 잊고 하루하루를 열정적으로 살면서 놀라운 기적을 만들었다.

사람들은 대부분 새로운 일을 시작할 때 더 많은 고민을 한다. '실패하면 어떡하지', '잘할 수 있을까' 하는 모든 걱정은 과거의 실패했던 기억들과 관련이 있다. 이제는 악순환 되는 과거의 기억을 잊고 백지에 새 그림을 그리듯 자신의 꿈을 그려 나가야 한다. 크게 성공한 사람일수록 더 큰 실패와 좌절을 경험한다. 추운 겨울에 피는 꽃이 더 아름다운 것처럼, 시련에 굴복하지 말고 이제부터라도 아름다운 인생을 시작하기 바란다.

사랑하지만
상처를 주고받는 가족

가족은 우리가 태어나서 처음으로 관계를 맺는 소중한 곳이다. 우리가 가족 안에서 어떤 관계를 맺고 어떤 경험을 하느냐가 평생 대인 관계에 많은 영향을 미치게 된다.

많은 사람들에게 가족이란 삶이 힘겨워 기대고 싶을 때 편안히 쉬며 위로 받고 싶은 안식처다. 그러나 어떤 사람에게 가족은 무거운 마음의 짐이며, 삶의 어두운 그림자다.

나에게 과연 어린 시절이 있었나 하는 생각이 든다. 나의 어린 시절 기억은 아버지의 술주정과 어머니의 눈물, 불안과 절망, 두려움으로 가득하다. 그때마다 어머니는 눈물 섞인 목소리로 자주 이런 말을 했다.

"아이고 내 신세야. 엄마가 아빠하고 사는 건 다 너 때문인 거 알지. 너희들 아니었으면 엄마는 벌써 아빠랑 헤어졌어."

가엾은 어머니에게 나는 삶의 희망이었고, 이유이며, 버팀목이었다. 아버지의 잦은 음주와 무능력, 경제적 궁핍, 부모의 불화. 이 모든 것을 어떻게 견디어 냈나 싶을 정도로 거친 시간을 어머니와 동생과 버텨 냈다. 나는 이를 악물고 가족 내에서 내가 할 수 있는 역할을 다했다. 실질적인 가장이었으며 동생에게는 부모와 같은 역할을 했다.

하지만 나는 여전히 불안하고 소심하며 강박적인 어린아이의 모습을 갖고 있다. 싸우고 있는 부모님 무릎 사이에서 울며 싸움을 말리는 7살의 내면아이가 있다. 그런 상처투성이 가족 안에서 나는 내 삶을 되돌아보고 치유하며 성장했다.

부부 싸움으로 가장 상처 받는 사람은 아이들이다. 무엇보다도 이 시기의 아이들은 부모가 생각하는 그 이상으로 부모를 깊이 생각하고 걱정한다. 부모가 싸우면서 겪게 되는 불행을 모두 자신의 것으로 받아들이기도 한다. 부모에게 작은 문제라도 생기면 자신의 존재 가치에 대해 걱정하며 늘 부모의 표정, 혹은 감정 변화에 민감하다. 결국 아이들은 이 모든 고통을 안겨 준 부모를 원망하면서도 사랑할 수밖에 없는 애증 속에서 방황하게 된다.

유치원이나 초등학교에 다니는 자녀를 둔 부모는 자기 자식이 아무것도 모르는 순진한 아이라고 믿는다. 즉, 부부 싸움에서 받은 상처들을 쉽게 잊고 기억하지 못할 거라 믿는다. 하지만 자녀들은 부모가 생각하는 것 이상으로 성숙하고 부모를 더 걱정한다.

일전에 한 TV 프로그램에서 부모님이 이혼하면 누구를 따라갈 것인지 조사했다. 의외로 아빠를 따라간다는 의견이 높았다. 이혼 후에도 자신을 뒷바라지할 수 있다는 경제적 능력 때문에 결정했다고 한다. 요즘 아이들은 이렇게까지 생각하는구나 하고 많이 놀랐다.

우리 모두는 희생자의 희생자이다. 부모 또한 희생자라고 할 수 있다. 부모가 사랑하는 법을 가르쳐 주지 않았다면 당신 또한 자녀에게 사랑하는 법을 가르칠 수 없기 때문이다. 자주 부모의 불화를 보고 자란 아이들은 성장해서 가정을 일구어도 같은 패턴으로 불행을 겪게 된다. 부모가 알코올 중독자라면 자녀도 알코올에 중독될 확률이 높다. 자주 술을 마시는 아버지를 싫어하는 딸은 나중에 아버지와 닮은 배우자를 만나게 되는 것도 같은 이치다.

우리는 부모님의 어린 시절에 대해 잘 모른다. 부모의 어린 시절이 어떠했는지 알고 나면 이해가 되고 부모님에 대한 연민도 생길 것이다. 부모의 어린 시절을 알게 되면 좀 더 자유로워질 수 있다. 부모님을 용서하지 않고서는 자신을 용서할 수 없다.

정신 분석학자이자 사회 심리학자인 에리히 프롬Erich Fromm은 이렇게 말한다.

"문제 아이 뒤에는 문제 부모가 있다."

자녀를 사랑하는 부모의 마음을 엿볼 수 있는 한 편의 이야기를 소개한다.

　많은 사람을 태우고 바다를 건너던 배가 갑자기 불어오는 거센 폭풍우를 만나고 말았다. 거센 비바람에 흔들리던 배는 그만 뒤집히려는 듯 요동을 치기 시작했다. 그러자 배 안의 사람들은 모두 살려 달라고 소리를 질렀다. 그런데 그중에서 유독 한 노인은 아주 평화로운 얼굴로 기도를 드리고 있었다. 사람들이 노인을 보며 의아한 듯이 물었다.

　"노인장, 지금 배가 뒤집혀 다 죽게 되었는데 두렵지도 않소?"

　그 노인이 조용히 대답했다.

　"아니오, 나에게는 두 아들이 있습니다. 큰 아들은 몇 년 전에 전쟁터에서 죽었고, 지금은 작은 아들을 찾아가고 있는 길입니다. 만약 이 배가 뒤집혀 죽게 되면 천국에 있는 큰 아들을 먼저 만나게 될 것이고, 다행히 배가 무사히 항구에 닿게 되면 작은 아들을 먼저 만나게 될 테니까요."

　사람들은 순간 두려움도 잊은 채 노인의 말을 듣고 있었다. 노인은 목이 메는지 잠시 쉬었다가 다시 이어서 말을 했다.

　"두 아들과의 만남의 소망을 가지고 있으니 저는 전혀 두려울 게 없습니다."

　세상에서 가족보다 더 끈끈한 정으로 맺어진 관계는 없다. 우리는 매일 가족의 얼굴을 보며 살아간다. 하지만 너무 가까이 있어 가족의 소중함을 망각할 때도 많다. 그러다 보니 편하다는 이유로 더욱 쉽게 상처 박힌 말들을 일삼는다. 하지만 가족은 아무리 큰 상처를 주더라도 시간이 지나면 서로 이해하고 그 상처를 덮는다.

세상 모든 사람들이 등을 돌린다 해도 가족만은 따뜻하게 감싸 안아 준다. 군대를 간다거나, 유학을 떠나 가족과 잠시 떨어져 있을 때 가족의 소중함을 더욱 느끼게 된다. 지금 함께, 가까이 있을 때 가족에게 최선을 다해야 한다. 가족은, 가족이란 말만 들어도 마음이 따뜻해지는 소중한 존재이기 때문이다.

자신도 모르게
가족에게 상처를 준다

나는 어릴 적부터 이런 생각을 자주 했다. 왜 가장 가까워야 할 가족끼리 상처를 주고받을까. 나와 오랫동안 함께한 가족 안에서의 문제가 왜 결혼 후 형성된 현재의 가족에게도 되풀이될까. 나와 가족을 둘러싼 문제는 자신이 나고 자란 가족에게서 받은 상처가 원인이라는 것을 심리 치유 상담을 하면서 알게 되었다.

가족이라는 이름으로 우리는 서로에게 아무렇지 않게 상처를 입힌다. 사랑하기에 가족이 내게 주는 상처는 더 아프다. 사실 남이면 안 보면 그만이다. 하지만 가족은 평생을 봐야 하는 관계이기 때문에 한번 어긋나면 돌이킬 수 없다. 자신이 가족으로부터 어떤 상처를 받았는지, 어떤 아픔이 곪아 있는지 직시하고 받아들여야 한다. 그러다 보면 가족의 문제도 조금씩 해결된다.

세상에 완벽한 부모는 없다. 그래서 모두 부족한 상태로 부모에게 배운 만큼 자녀를 가르치고, 자신의 선입견으로 자녀를 판단하게 된다. 어린 시절 부모님의 싸움은 나에게 공포의 대상이었다.

한바탕 전쟁을 치르고 나면 마치 내가 싸우기라도 한 것처럼 몸과 마음이 지쳐 갔다. 하지만 정작 부모는 아이가 얼마나 상처 받을지 생각하지 못한다. 자신의 감정을 추스르기도 바쁘기 때문이다.

몸이 성장한다고 해서 모두 어른은 아니다. 아이를 낳았다고 해서 모두 좋은 부모가 되는 것도 아니다. 치유되지 않은 상처가 마음속 깊이 남아 있는 한 우리도 자녀에게 상처를 줄 수 있다.

어린 시절을 외롭게 보낸 어느 남편은 늘 일을 우선시하고 가정을 소홀히 하면서 스스로 가족과 거리를 두었다. 그가 이렇게 행동하는 것은 아내와 아이들을 사랑하지 않아서가 아니다. 그는 여전히 어린 시절의 상처에서 벗어나지 못한 채 그때 상처 입은 내면아이로 살아가고 있는 것이다. 자신 안의 상처 받은 아이는 성장하기를 거부한다.

자기가 사랑하는 사람이 언젠가 떠날지도 모른다는 불안감에 시달리는 여인도 있다. 가까운 사람이 곧 죽을지도 모른다고 느끼거나 버림받을 것이라는 생각에 몹시 집착하고 있었다. 그녀는 어릴 때 아버지가 일찍 돌아가시면서 마음에 큰 상처를 입었다. 그때 받은 상처를 제대로 치유하지 않은 채 가정을 꾸리면서 과거의 불행을 현재 가족에게도 반복하고 있다.

이렇듯 어린 시절의 상처, 즉 트라우마는 평생 자신을 따라다닌다. 세상에서 가장 가까우면서 먼 관계, 지긋지긋하지만 그렇다고 버릴 수도 포기할 수도 없는 관계가 바로 가족이다. 가족은 빙산과 같아서 겉으로 보이는 빙산만 볼 게 아니라 그 아래 커다란 얼음 덩어리도 볼 수 있어야 한다. 일상의 그림자 아래 있는 가족의 감정과 요구를 얼마나 이해하느냐에 따라 가족의 운명이 달라지기 때문이다.

요즈음 자녀와의 갈등 상담 의뢰가 늘고 있다. 전화로 미리 내용을 들어 보면 '한 부모 가정'이 많다. 또는 가정이 화목하지 않고 부부간에 문제가 있는 경우도 많다. 이처럼 부부의 부정적인 영향이 자녀에게 고스란히 전달된다. 하지만 부모는 잘 느끼지 못한다. 단순히 아이의 문제라고 생각하고 쉽게 외면해 버린다.

지인 중에 한 분은 어릴 적 아버지가 식사를 하다 화를 못 이겨 밥상을 뒤엎었다고 한다. 그 충격이 오래가서 자신은 아버지처럼 하지 않겠다고 자신과 약속했다. 하지만 가정을 일구고 살면서 아버지가 해 왔던 것처럼 아내와 말다툼 끝에 밥상을 엎고 말았다.

이처럼 가정 내의 부정적인 행동은 반복되는 패턴을 보인다. 가장 상처 받은 피해자는 자녀들이다. 무엇보다도 아이들은 부모가 생각하는 그 이상으로 부모를 깊이 생각하고 걱정한다.

부모 스스로 잘못된 부분을 인식하고 변하지 않으면 자신도 고통에서 자유로울 수 없다. 결국 아이들은 이 모든 고통을 안겨 준 부모를 원망하면서도 사랑할 수밖에 없는 애증 속에서 방황하게 된다. 이 방황은 사춘기 때가 되면 더욱 심해진다. 만약에 부모의 마음이 크게 불안정하지 않다면 아이는 크게 휩쓸리지 않고 스스로 자립할 수 있다. 하지만 부모의 마음이 극도로 불안정하면 아이는 부정적인 감정에 짓눌려 스스로 억압하고 구속하게 된다.

어릴 적 받은 고통은 자신도 모르게 가족에게 똑같은 방식으로 반복하게 된다. 어린 시절 부모에게 받았던 죄책감, 분노, 격분과 같은 감정을 내면에 쌓아 두었기 때문이다. 이런 악순환은 반복된다. 불행의 악순환을 발견하여 고리를 끊는 게 우선이다.

어린 시절 충분한 사랑과 인정을 받지 못하면 자녀에게 또는 배우자에게 투사하여 부담을 주게 된다. 부모가 자녀에게 베푸는 사랑은 기대와 대가를 바라면 안 된다. 부모가 자녀에게 기대 심리를 가지면 안 된다.

어린 시절 힘들었던 경험은 우리에게 흔적을 남긴다. 부모와의 관계나 집안 분위기 등 어린 시절 경험은 우리 인생에 많은 영향을 준다. 어린 시절에 받은 상처나 결핍으로 한 사람의 인생이 바뀔 수 있다. 어릴 적 상처와 기억은 몸에 악영향을 준다. 상처를 받는 것은 무력감과 좌절감, 분노, 그리고 반항심과 연관되어 있다. 우리의 몸과 마음은 가족에게 받은 상처를 어떻게든 감추려고 한다.

우리는 사랑하는 사람에게 거부 당했을 때 가장 심하게 상처를 받는다. 가족 때문에 상처 받는 사람이 많은 이유다. 가족에 대한 애정이 아직 많이 남아 있는 상태이기 때문에 고통도 크다. 사랑하는 가족에게 거부 당한 상처가 클 수밖에 없는 이유는 믿음 때문이다.

많은 사람들이 온화한 표정을 짓고 웃으며 살고 있다. 그들의 마음이 정말로 그렇게 편안할까? 세상에 심리적으로 완벽한 사람이 얼마나 될까? 웃고 있어도 마음 어느 한 구석에는 틀림없이 아픔을 안고 있을 것이다. 지금 어릴 적 겪은 아픔을 치유하지 않으면 그 아픔을 나도 모르는 사이에 가족에게 줄 수 있다.

며칠 전 아이들과 함께 수원에 있는 민속촌에 다녀왔다. 공방에 눈에 띄는 문구가 하나 있었는데, 그 문구가 아직도 잊히지 않는다.

'세상에 좋은 사람이 많다고 하나, 내 가족보다 더 좋은 사람이 없고, 도처에 쉴 곳이 많다고 하나, 내 집보다 더 좋은 안식처는 없네.'

세상에서 가장 소중한 가족이기에 서로에게 상처가 아닌 사랑을 주어야 한다.

당신의 문제가 아니라,
그저 문제를 만난 것 뿐

지나가는 사람들을 보면 하나같이 행복해 보인다. 다들 마냥 즐거워 보인다. 하지만 사실 어느 가정이나 문제는 있다. 다만 이야기를 하지 않을 뿐이다. 누구에게나 말하지 못하는 고충이 있기 마련이다. 자녀 문제로 고민하는 가정, 결혼 후 아이가 생기지 않아 마음고생을 하는 가정, 가족의 건강이 좋지 않아 걱정하는 가정, 고부 갈등을 겪고 있는 가정 등 어느 집이나 크고 작은 문제는 있다. 그렇다고 자신에게 찾아온 안 좋은 일들 때문에 너무 괴로워할 필요는 없다. 문제가 생겼을 때 바로바로 해결하면 된다.

잠시 내 이야기를 들려주고 싶다. 나는 건강하지 못한 가정에서 태어난 것 때문에 부모님을 원망하고 내 자신을 처절하게 증오했던 적이 있었다. 왜 하필이면 많은 가정 중에 가난하고 하루가 멀다 하고 심하게 다투는 가정에 태어났을까 한탄을 했었다. 그러면서 점점 내 자신은 물론이고 세상을 원망하게 되었다.

그리고 혼자 있는 시간이 많아졌다. 친구들과 얘기하기도 싫고, 학교 가기도 싫었다. 물론 내가 가정과 부모를 선택할 수 없는 것이지만 내 신세가 너무 괴로웠다. 학교 다닐 때, 경제적으로도 넉넉하고 행복한 가정에서 자란 친구들이 마냥 부러웠다. 그래서 항상 짜증을 내고 푸념만 늘어놓았다. 시간이 지난다고 그런 마음들이 쉽게 변하지는 않는다. 원망은 원망만 낳을 뿐이다. 자신의 역경과 불행한 환경을 딛고 일어설 때 비로소 바라보는 시선이 달라진다.

가정 내에서 행해지는 폭력과 상처는 고스란히 자녀들에게 대물림된다. 고통 받은 아이들은 성장해서 가정을 일구어도 똑같은 아픔을 되풀이하기 쉽다.

살면서 시련을 겪는 것은 일반인뿐만 아니라 공인들도 마찬가지다. '트로트계 샛별', '가요계의 신데렐라', '신세대 트로트가수' 장윤정. 그녀도 숱한 시련과 역경을 극복하고 '어머나'라는 곡으로 국민 가수가 되었다.

그녀는 1999년 강변 가요제에서 대상을 수상하며 사람들에게 알려졌다. 하지만 행운도 잠시, 불행이 그녀의 발목을 잡았다. 최선을 다해 첫 앨범을 준비했지만 계획대로 되지 않았다. 오히려 소속된 회사마저 부도가 나 버린 것이다. 엎친 데 덮친 격으로 집안 형편까지 어려워지면서 가족 모두 뿔뿔이 흩어져 살게 되었다.

그 당시 그녀에게 세상은 칠흑 같은 어둠처럼 느껴졌다.

세상은 아무리 노력해도 뜻대로 되지 않는 불공평한 곳이라는 생각마저 들었다. 자신에게 다가온 모든 문제들이 너무 힘들고 괴로웠다고 토로했다. 그녀는 그때의 심정을 이렇게 말했다.

"우리 가족은 달동네에서 살았습니다. 밤에 그 높은 곳에서 내려다보면 우리 가족만 빼고 모두들 행복하게 사는 것 같았어요. 그래서 세상에서 우리 가족이 가장 불행하다는 생각이 들었습니다."

그 후로 그녀에게는 몇 번의 시련이 더 찾아왔다. 하지만 시련을 만날 때마다 문제로 보지 않고 디딤돌로 삼으려고 노력했다. 그러면서 자신이 처한 문제를 해결하고 꿈을 이루기 위해 최선을 다했다. 결국 그녀는 데뷔 곡 '어머나'로 대박을 터뜨렸다. 그리하여 그녀는 그동안 겪었던 모든 시련과 아픔을 시원하게 씻을 수 있었다.

문제를 문제로 보지 않으면 더 이상 문제는 아니다. 그녀가 시련을 겪고 다시 일어서는 모습을 지켜보면 단순히 좋아하는 가수를 넘어서 존경심까지 생긴다.

《김미경의 드림 온》의 저자 김미경 대표는 강의 때 이런 이야기를 했다.

읍내에 살다가 시내로 전학을 오면서 주눅이 많이 들었다. 공부를 잘해서 전학 온 이후에도 반장을 하려고 했으나 친구들의 잘사는 모습에 위축되었다고 한다. 읍내에 있을 때는 몰랐는데 시내로 전학 와 보니 친구들이 다들 잘 사는 것이다. 부모님 중에 국회의원도 있고, 방송국 사장도 있고, 백화점 사장도 있었다. 하지만 정작 자신의 부모님은 어렵게 농사일로 힘들게 사는 모습을 보니 비교되어 의기소침해졌다고 한다.

하지만 부모가 잘사는 것은 문제가 되지 않는다는 것을 깨달았다. 전학 온 지 6개월 만에 느낀 것은 부모님은 학교에 안 온다는 사실이다. 그렇다 학교 내에서는 잘사는 부모가 필요 없고 친구들끼리만 경쟁하면 된다는 것을 깨달은 것이다. 부모가 잘사는 것이지 친구가 잘사는 것은 아니라는 사실을. 그렇게 깨닫고 나니 공부도 잘되어 학교에서 반장도 하게 되었다.

우리는 항상 자신에게 없는 것, 부족한 점에만 집중한다. 그리고 남들과 비교한다. 그러면서 불만이 쌓이고 괴로워하는 것이다.

운명의 추는 왔다 갔다를 반복한다. 오른쪽으로 움직였을 땐 좋은 일이 있고 왼쪽으로 움직였을 땐 나쁜 일이 생긴다. 운명의 추는 계속 그렇게 좌우로 왔다 갔다 움직인다. 그러니 나쁜 일이 있다고 해서 좌절하거나 슬퍼하지 말고 나쁜 일이 생겼다는 것은, 조만간 좋은 일이 생길 거라는 것을 명심해야 한다.

니코스 카잔차키스가 쓴《그리스인 조르바》에 이런 구절이 있다.

"나는 내 운명을 데려왔네. 운명이 나를 데려온 것은 아니네. 인간은 자기가 선택한 대로만 행동하네."

자신의 운명은 스스로 만드는 것이지 누가 대신 만들어 주지 않는다. 지금의 나는 내 자신이 만든 것이다. 모든 것이 운명이라고 하기엔 억울하게 느껴질 수도 있다. 하지만 살면서 만나는 문제를 그저 문제로만 받아들이지 말고 이겨서 싸워 운명을 내 것으로 만들어 보길 바란다.

감출수록
고통스러운 것

아주 어렸을 때 이발소에 가기 싫어했던 기억이 있다. 그 이발소
는 머리를 자른 후 목덜미에 하얀 거품을 묻혀 예리한 면도날로 잔
털을 밀어주었다. 어린 마음에 때와 함께 밀릴까봐 괜한 걱정을 했
었다. 누구나 살면서 창피한 기억이나 두 번 다시 기억하고 싶지
않은 경험이 있기 마련이다. 변호사만 의뢰인의 비밀을 무덤까지
가지고 가는 게 아니라 누구나 아픈 비밀은 혼자 간직하고 싶다.

TV에서 우연히 〈히든싱어〉라는 프로그램을 보게 되었다. 가수
이수영과 5명의 모창자가 블라인드 뒤에서 한 소절씩 노래를 부르
면 청중단 100명이 진짜 가수를 찾는 프로그램이다. 모창 최종 라
운드에서 많은 패널들과 시청자들이 혼란에 빠졌다. 진검 승부를
가리는 자리여서 더욱 긴장이 되었다. 최종 우승자는 다름 아닌 남
성이었다. 남성의 목소리로 여자 가수의 애절한 목소리를 소화해
낸 것이다. 아담하고 왜소한 체구에서 여성이라고 착각할 정도의
미성이 흘러나왔다.

"어린 시절부터 여성스러운 목소리 때문에 청소년기에 많은 방황을 했었다. 나의 최고의 콤플렉스였다. 하지만 이수영의 노래를 알게 된 후 마음의 큰 위로를 받았다"고 말했다. 자신이 부족하다고 생각한 부분을 노력을 통해 장점으로 바꿨다는 사실이 감동으로 다가왔다.

이처럼 오히려 떳떳하게 자신의 약점을 보완하고 노력한다면 인정을 받을 수 있다. 자신의 아픈 과거를 인정하는 것은 부끄러운 일이 아니라 아름다운 일이다.

나는 군대 자대 배치를 가장 추운 지역인 강원도 양구로 발령 받았다. 한 여름에 태어나서인지 추위를 많이 타는 것 때문에 군 복무 시절 내내 추위 때문에 고생했다. 새벽에 철책 근무를 나가기 위해 내피에 이것저것 챙겨 입어 보기도 하지만 강원도의 겨울 날씨는 뼈 속을 지나듯 너무도 추웠다.

그보다 더 싫었던 것은 2개월 선임이다. 추위는 어쩔 수 없는 자연현상이라 치더라도 2개월 밖에 차이 나지 않는 선임은 정말 어쩔 수 없는 장벽이었다.

나를 너무도 고통스럽고 힘들게 한 선임에게 꼭 복수하겠다는 생각을 자주 했다. 제대 후에 어떻게 복수를 할 건지 나름 계획도 세웠다.

하지만 이제는 그 힘들었던 시간들이 아련하다. 오히려 나를 너무도 힘들게 한 그 선임이 어떻게 사는지 궁금하기도 하다. 과거는 지나간 일이다. 이제 와서 과거를 바꿀 수는 없다. 하지만 과거에 대한 생각은 바꿀 수 있다. 오래 전에 누군가가 나에게 상처를 주었다고 해서 지금 이 순간 자기 자신을 괴롭히는 것은 얼마나 시간낭비인가. 한두 번의 나쁜 기억이지만 자신은 그 기억을 수백 번 수천 번 반복한다. 미워하고 증오하는 사람을 용서해 주는 것은 사실 나 자신을 위해서이다.

김태광 작가의 《감추고 싶은 비밀》을 요약하면 대략 이렇다.

누구에게나 감추고 싶은 비밀이 있다. 그런데 그 감추고 싶은 비밀이 엄마라면 이야기는 달라진다. 왜 하필 엄마일까?

소희는 4학년 여학생으로 자존심도 강한 아이다. 하지만 넉넉하지 못한 가정 형편과 얼굴에 화상 흉터가 있는 엄마 때문에 친구 사귀기를 두려워하는 소심한 아이다. 소희에게 엄마는 사랑의 대상이기도 하지만 친구 앞에 보이기도 싫은, 숨기고 싶은 존재이다. 소희는 엄마의 얼굴 때문에 엄마에게 신경질을 부리고, 미안한 마음에 화장실에서 혼자 울기도 한다. 다른 친구들처럼 엄마를 자랑하고 싶고 집에도 친구를 데려오고 싶지만 그러지 못한다. 소희에게는 엄마가 모두에게 들키고 싶지 않은 그리고 감추고 싶은 비밀인 것이다.

엄마의 얼굴 화상 흉터는 소희가 어릴 때 집에 불이 나 소희를

구하다 입은 상처이다. 소희는 이 사실을 모른다. 화상 흉터는 소희가 마음에 상처를 입을까 엄마가 숨기고 있는 비밀이다. 소희도 화상 흉터에 대해서 알고 싶어 한다. 소희에게는 화상 흉터가 감추고 싶은 대상의 상징이지만, 엄마에게는 소희를 향한 사랑의 상징이다. 여러 사건을 통해 소희는 엄마를 이해하게 되고, 화상 흉터에 대한 비밀을 알게 되면서 엄마의 사랑을 발견하게 된다.

누구에게나 보이고 싶지 않은 비밀이나 과거가 있다. 아무리 참고 덮어 두려 해도 덮어지지 않는 문제들이 있다. 내가 가만히 있는데 세상이 나를 위해 저절로 바뀌는 경우는 없다. 여전히 문제는 남아서 나를 괴롭게 만들며 불행으로 이끈다. 그렇지만 자신의 그런 허물을 있는 그대로 받아들일 때 당당하게 일어설 수 있다.

초등학교 4학년 때의 일이다. 새 학기가 되고 친구를 사귀게 되었다. 개구쟁이 그 친구와 나는 마음이 잘 맞아서 학교 내에서나 밖에서도 장난치며 재미있게 보냈다. 자주 우리 집에 데려와서 함께 간식도 먹고 숙제도 하며 신나게 보냈다. 하지만 그 친구는 자신의 집에 한 번도 날 데려가지 않았다. 처음에는 이해했지만 시간이 지나도 똑같았다. 이상하다는 생각이 들어 한번은 이렇게 물어봤다.

"정훈아, 오늘은 너희 집에 가서 놀자."

"안 돼, 집에 손님이 오셔서 그냥 놀이터에서 놀자."

나중에 알게 된 사실이지만 그 친구는 그 집의 늦둥이였던 것이다. 정말 친구 부모님은 우리 할머니, 할아버지만큼이나 나이가 많았다. 좀 더 친해진 후 속사정을 알게 된 후에는 스스럼없이 친구 집에 갔지만, 한편으로 친구의 마음이 이해가 되었다. 친구 입장에서는 얼마나 창피한 일이었을까 생각이 든다. 친구들 부모님은 모두 젊은데 자신의 부모님과 비교가 되었을 것이다. 그 비밀 아닌 비밀을 알게 된 후 그 친구와 더욱 친해졌다.

정신 분석가 비온Wilfred Bion은 이렇게 말한다.

"사람에게는 자신이 경험한 것의 진실을 알고 이해하고 싶은 욕구와 그것을 피하고 싶은 욕구가 동시에 존재한다."

그래서 우리는 가슴 아픈 과거를 기억하면서도 과거의 상처에 침묵하려는 경향을 보인다. 상담을 하다 보면 마음이 아픈 아이들은 엄마에게 문제가 있을 확률이 80퍼센트가 넘는다. 아픈 엄마 밑에서는 행복한 아이가 자랄 수 없다. 부모 노릇을 한다는 건 결코 쉬운 일이 아니라는 것을 내 아이들을 키우면서 느낀다.

사실 두 번 다시 보고 싶지 않은 과거를 들여다보는 것이 쉬운 일은 아니다. 하지만 슬프고 괴로운 상처일수록 꼭 꺼내서 터뜨려야 한다. 그렇지 않으면 그 상처가 아이들에게 고스란히 가게 된다. 사랑하는 사람에게 버림받을 수 있고, 부모에게 버림받을 수 있다. 하지만 이를 딛고 더 멋지게 성공한 이들도 많다.

많은 사람들은 자신의 상처를 숨기기에 급급하다. 설사 다른 사람들이 알지 않더라도 스스로 마음의 감옥을 만들며 살기도 한다. 다른 사람들에게 자신의 상처를 들키지 않으려고 노력하다 보면 긴장하고 즐겁지 않다. 자신의 고통을 마주하고 인정하다 보면 좀 더 자신에게 관대해짐을 느낄 수 있다. 같은 상황이라도 어떻게 바라보고 해석하느냐에 따라 달라진다.

우리는 과거를 받아들이고 자기 자신을 포함한 모든 이들을 용서해야 한다. 용서하는 법을 모를 수도 있고, 용서하기 싫을 수도 있다. 그러나 우리가 용서한다고 말하는 순간 새로운 삶이 시작 된다. 과거를 받아들이고 모든 이들을 용서하는 행위는 우리 자신의 치유를 위해서 꼭 필요하다. 이제는 과거의 아픈 기억을 감추지 말고 그로 인해 고통스러워하지 말고 있는 그대로 이해하자.

어린 시절의 아픔은
자국을 남긴다

친구 중에 입만 뗐다 하면 부정적인 말을 내뱉는 친구가 있다. 그래서 웬만하면 그를 만나고 싶지 않다. 그 녀석과 함께 있으면 괜히 나까지 부정적인 기운에 휩싸이게 되기 때문이다. 일이 뜻대로 되지 않으면 이 친구는 영락없이 이렇게 내뱉는다. "그럼 그렇지, 이럴 줄 알았다니까!", "왜 나는 만날 이 모양이야?", "죽지 못해 산다." 사정은 이해할 수 있지만, 참으로 의욕 떨어지는 말만 골라서 한다.

이 친구는 아직 제대로 된 직장도 못 구했고, 만나는 여자 친구도 없다. 아직도 그는 자신의 그런 처지가 언어 습관에서 비롯되었다는 것을 까마득히 모르고 있다.

한번은 그 친구가 교통사고로 입원해 병문안을 간 적이 있다. 교통사고가 심하지는 않았으나 혼자서 움직이기에는 많이 불편해 보였다. 이렇게 사고 난 것도 평상시 말한 것 때문이라 생각한다. "교통사고라도 나서 쉬었으면 좋겠다"고 말하는 것을 들은 적이 있다.

평상시 어떤 생각을 하고 말하는지에 따라 그와 유사한 상황이 재현되기 때문이다. 이 친구는 어릴 적 아버지가 일찍 돌아가셨다. 억울하게 사고로 돌아가셔서 세상에 대한 원망이 많아, 그런 마음이 성인이 된 후로도 쉽게 없어지지 않았다. 술을 마셔도 항상 사회 탓, 부모 탓, 집안 탓을 하다가 마지막에는 자신을 탓하며 마무리한다.

말이 감정을 좌우할 수 있기 때문에 언어 습관은 매우 중요하다. 요즘 사람들은 "~해서 미치겠어!" 또는 "~해서 죽겠네"라는 말을 자주 한다. 항상 표현 끝에 죽겠다는 말을 덧붙인다. 말을 순화시키면 감정도 순화된다. 과거의 경험은 현재 말투에도 많은 영향을 준다. 부모로부터 폭언을 들은 아이는 그만큼 말도 거칠다.

우울증으로 고통 받고 있는 한 주부의 이야기를 들어 보자.

군인인 아버지와 어머니는 그녀가 일곱 살 때 이혼을 했다. 중학생이 되었을 때 아버지가 재혼을 하면서 그녀는 결혼하지 않은 고모와 살게 되었다. 그 이후로 사람 만나는 것이 싫어, 외톨이처럼 지내다가 사랑하는 남자를 만나 결혼했다.

다른 사람들은 결혼해서 힘들 때 친정에 가서 많이 기대고 한다는데 자신은 기대고 의지할 데가 없었다. 기댈 수 있는 친정 엄마가 있었다면 지금 내가 이렇게까지 힘들지 않았을 텐데 하며 자주 푸념을 했다. 이럴 때 아이들과 문제가 생기면 정도 이상의 화를 내었다. 그런데 최근에 어린이집에서 아이에게 약간의 문제가 있었다. 그런데 그 순간 아이 모습이 자신의 어릴 때 모습과 겹쳐졌다. 아이가 자신과 같은 길을 가는 것은 아닌지 걱정이 되어, 자신이 변해야겠다는 생각을 하게 되었다고 한다.

정신 분석가인 코헛Heinz Kohut은 "인간은 누구나 자신을 거울처럼 비춰 주는 타인이 필요하다"고 말했다. 열등감이 심하고 쉽게 상처를 받고 쉽게 절망하는 사람들을 분석해 보니 하나같이 어릴 때 자신의 마음을 거울처럼 비춰 주는 부모가 없는 사람들이었다.

이 내담자도 어릴 적 부모님의 이혼으로 인한 상처와 고모와 함께 살며 생긴 억눌린 욕구를, 결혼하고 나서 자녀에게 투사하여 어릴 적 괴로움을 재현했던 것이다. 어릴 적 상처 받은 내면아이를 만나서 화해하고 치유한 후에 자녀를 대하는 마음이 달라졌다.

나도 어릴 적 아버지와 사이가 좋지 않아 대화를 나눈 적이 없다. 항상 부모님이 싸우는 모습을 보고 자랐기 때문에 나는 꼭 나중에 커서 아버지처럼 살지 않겠다고 다짐했다. 그래서 더욱 열심히 살았다. 또래보다 일찍 사회생활을 했고 결혼을 하면서 가정을 일구었다.

하지만 생각처럼 좋은 배우자와 좋은 아빠가 되기는 힘들었다. 어릴 적 아버지에게 살가운 정을 받지 못하고 자랐기 때문이다. 아들은 아버지를 보고 자란다. 아버지를 보고 자라기 때문에 나중에 가장이 된 후 아버지와 똑같은 패턴을 보이는 것이다. 결혼하기에 앞서 딸을 알려면 그 집의 어머니를 보면 안다고 했다. 그만큼 자녀는 부모의 생각과 행동을 반복하기 때문이다.

결혼 10년 차가 되어 가면서 나도 차츰 변해서 지금은 나름대로 가정적이다. 주부 습진이 있는 아내를 위해 저녁 설거지는 되도록 내가 하는 편이다. 아이들과 즐겁게 놀다 보면 내 안에 있는 어릴 적 상처도 함께 아물고 있는 느낌마저 든다.

나도 내면아이 심리치유 상담을 받기 전에는 왠지 모를 불안감과 우울한 감정을 항상 느끼면 살았다. 나의 내면아이를 들여다보니 7살짜리 아이가 울고 있었다. 그 아이는 부모님이 싸울 때마다 싸우고 있는 부모의 무릎 사이에서 울었다. 부모의 싸움을 감당하기에는 너무 어린 나이다. 나는 그 아이를 만나 안아 주고 달래 주고 다독거려 주었다. 그 과정에서 나는 과거의 상처로부터 많이 자유로워질 수 있었다.

어린 시절 부모에게 받은 상처로 남모르게 고통 받고 있는 사람들이 의외로 많다. 보통은 아이를 낳고 기르면서 그 상처를 치유할 기회를 얻는다. 하지만 나는 가능하다면 아이를 낳기 전에 상처에서 벗어나기를 권하고 싶다. 부모와의 갈등은 무의식적으로 대를 이어 자녀에게 전해진다. 힘들겠지만 자신과 아이를 지키기 위해서는 자신이 먼저 부모로부터 받은 상처로부터 자유로워지도록 노력해야 한다. 그게 정 힘들면 최소한 부모를 원망하는 마음은 남겨 두지 말자. 내 안의 상처가 고스란히 자녀에게 대물림 되지 않도록 말이다. 사람뿐만 아니라 동물들도 마찬가지다.

어른 새에게 괴롭힘을 받은 아기 새는 커서 다른 아기 새를 학대한다는 연구 결과가 나왔다. BBC에 따르면 미국 웨이크포리스트 대 연구팀은 야생동물이 인간과 마찬가지로 학습을 통해 '아동 학대'를 대물림한다는 사실을 밝혀 냈다. 어른 새에게 괴롭힘을 당한 아기 새는 자라서 아이 새에게 더 폭력적으로 행동하는 것으로 관찰되었다.

세상에 완벽한 사람은 없다. 하지만 어쩔 수 없이 마주하게 된 고통이라면 극복하고 치유하는 것이 더욱 현명하다. 가정사는 일일이 알 수가 없는 부분이라 더욱 힘든 면도 있다. 화목한 가정에서 태어나고 자란 아이는 항상 긍정적이고 낙천적이다. 성장해서 실패를 맛보더라도 금세 일어난다. 항상 사랑과 격려를 받고 자랐기 때문이다. 하지만 화목하지 않은 가정에서 자란 아이들은 쉽게 포기하거나 주저앉아 버린다. 이들에게 꿈과 희망은 먼 이야기다. 나는 현재 심리 치유 상담을 하며 어릴 적 기억으로 힘들어하는 이들에게 꿈과 희망을 주기 위해 노력하고 있다.

아픈 아이들을 치유하려면 우선 그 엄마들을 살펴야 한다. 아이보다 엄마에게 문제가 있을 확률이 80퍼센트가 넘기 때문이다.

왕따를 당하고 있는 자녀로 인해 고민하던 어머니로부터 상담 문의가 왔다. 전화로 간단하게 통화하면서 상담 일정을 잡았지만 전화 너머로 어머니의 불안한 감정이 고스란히 전해졌다. 중학생 자녀를 둔 어머니는 아이가 왕따를 당해 학교를 안 간다고 푸념했다. 대화를 하다 보니, 그녀는 수년 전에 이혼하고 혼자서 아이를 길렀다. 그 과정에서 아이도 적지 않은 충격과 상처를 받았다. 이처럼 자녀의 문제는 부모의 문제로부터 시작된다.

누구나 건강한 어린 시절을 보내면 좋겠지만 비록 그렇지 못하더라도 우리는 아픔을 딛고 더욱 힘차게 일어나야 한다. 부모로 살아가는 것은, 꽃이 뿌려진 비단길이 아니라 군데군데 웅덩이가 있는 가시밭길을 걷는 것이다. 아이가 갑자기 큰 병에 걸릴 수도 있고, 배우자와 갈등을 빚을 수도 있으며, 시댁이나 친정에 변고가 생길 수도 있다. 사업이 기울 수도 있고, 빌려 준 돈을 떼먹힐 수도 있다. 하지만 이 모두가 어른인 부모가 감당해야 하는 일이다.

모든 부모들은 부디 자녀가 겪는 어린 시절의 아픔이 자국을 남긴다는 사실을 깨달아야 한다. 인생길에서 당신만의 해결책을 찾아 불행을 뚫고 행복을 쟁취하기 바란다. "고통과 고난이 심하다면 기억하세요. 빛이 고통을 비추고 있기 때문에 드러나는 것이고 이미 드러난 이상 어둠은 빛의 힘에 의해 밀려날 것이라는 사실을."

'어느 날 갑자기'
생긴 문제는 없다

'가랑비에 옷 젖는다'는 말이 있다. 아주 사소한 것들로 말미암아 큰 일이 생기는 것을 말한다. 가랑비쯤 우습게 생각하고 오랫동안 비를 맞다 보면 속옷까지 다 젖게 되고, 감기에 걸리게 된다. 이 가랑비 원리는 주변에서 쉽게 발견할 수 있다.

사람은 살면서 많은 고민거리를 끌어안고 산다. 고민은 어느 날 갑자기 쳐들어오는 것이 아니다. 그동안 경험한 안 좋은 기억들이 시간이 지남에 따라 복잡하게 변화되어 나타난 것이다.

작은 문제가 생겼을 때 바로바로 풀고 해결하는 것이 중요하다. 문제에 대한 그런 태도를 갖고 있는 한, 견디기 어려울 만큼 큰 고민을 끌어안게 되는 일은 없다. '그까짓 감기쯤이야 뭐' 하고 방치하기 때문에 폐렴이 되는 것이다. 감기가 걸렸을 때는 충분한 휴식이 필요하다. 그러면 감기는 금세 낫는다. 도저히 어떻게 할 수 없는 고민을 보면 처음에는 작은 걱정거리에 불과한 경우가 대부분이다. 작은 걱정거리의 씨앗을 그냥 방치해 두었기 때문에 큰 고민으로 자라나 버린 것이다.

요즘 사춘기 자녀를 둔 부모들은 하나같이 걱정을 많이 한다. '중2병'이라는 것이 있다. 중학교 2학년 나이 또래의 사춘기 청소년들이 흔히 겪게 되는 심리적 상태를 빗댄 단어로 자아 형성 과정에서 생기는 마음을 일컫는 인터넷 속어이다. 사춘기 아이를 둔 부모라면 누구나 착하기만 했던 내 아이가 갑자기 돌변해서 말썽 부리고 반항하는 이유를 몰라 당혹스러워했던 적이 있을 것이다.

사실 사춘기에 나타나는 아이들의 문제 행동은, 부모의 마음속에 내제되어 있는 상처를 알아차리라고 아이들이 보내는 간절한 신호이기도 하다. 아이는 사춘기라는 반항기를 통해 부모가 자신의 문제에 직면할 수 있도록 돕는다. 부모가 이러한 사춘기의 의미를 제대로 이해하고 자신이 가진 상처를 제대로 마주하고 치유한다면 사춘기라는 시기는 아이와 부모의 인생에서 위기라기보다는 인생을 바꿀 절호의 기회가 될 것이다.

2013년, 20년 이상 결혼 생활을 한 부부의 황혼 이혼이 처음으로 결혼 4년 미만의 신혼 이혼을 앞질렀다는 통계가 나왔다. 이혼한 네 쌍 가운데 한 쌍이 황혼 이혼이라고 한다. 부부간 갈등은 복잡하다. 부부간 일은 아무도 모른다 하지 않던가. 검은 머리 파뿌리 될 때까지 해로偕老하겠다는 약속을 저버릴 때는 저마다 피치 못할 사연도 있을 것이다. 요즘은 이혼하는 게 흉이 아닌 세상이다. 하지만 평생을 함께한 노부부의 다정한 모습은 온갖 화려한 것들이 넘쳐 나는 오늘날에도 이 세상 그 무엇보다도 아름답다. 매사에 자신에게 책임을 돌리며 올바르게 처신하고, 부부의 도리를 잃지 않으려고 노력해야 한다.

심리 전문가 배재현의 책《내 아이의 트라우마》에 이런 말이 있다.

"트라우마를 경험한 청소년기 아이들이 보이는 증상은 성인과 비슷하다. 수면 장애, 불안, 우울, 등교 거부, 성적 저하, 반항적인 행동들로 이런 내면의 고통이 표출되기도 한다. 청소년 아이들의 문제나 여러 가지 증상은 아무 이유 없이 어느 날 갑자기 생긴 게 아니다. 청소년기 자녀를 둔 부모가 지켜야 하는 중요한 덕목은 아이의 반응에 쉽게 흥분하지 않는 것이다."

상처는 살면서 누구에게나 생긴다. 특히 아이들에게 생긴 문제는 더욱 그렇다. 현재 겪고 있는 문제의 원인을 찾다 보면 해답을 찾을 수 있다.

트라우마는 외상 후 스트레스 장애로 마음에 난 정신적 상처를 말한다. 그렇다고 마음의 상처를 모두 트라우마라고 하는 것은 아니다. 우리가 날카로운 것에 살짝 손을 베었을 때를 떠올려 보면 당장은 아프고 피가 흐르지만, 잘 지혈하고 감싸 준 뒤 며칠이 지나면 언제 그랬냐는 듯 상처가 아문다.

심리학에서 트라우마라고 할 때는 지속적이고 어쩌면 항구적일 수도 있는 마음속 깊은 상처를 말한다. 트라우마는 외부보다 가정 내에서 생길 확률이 더 높다. 가족은 싫든 좋든 평생 함께해야 한다. 어쩌면 이것이 더욱 큰 문제이기도 하다.

한 조사에 따르면 열 살 이전의 아이 네 명 중 한 명이 트라우마로 힘겨워한다고 한다. 성인은 두 사람 중 한 명이 트라우마로 인해 고통스러운 삶을 살아간다고 한다. 어린 시절의 트라우마를 가진 사람이 모두 비극적인 삶을 사는 것은 아니다.

대표적으로 동화 작가 안데르센이 있다. 1805년 그는 매춘부의 아들로 태어났다. 포주인 외할머니는 딸을 억지로 길거리로 내보내 돈을 벌게 했다. 딸이 안 가려고 하면 뺨을 때려서라도 몸을 팔 것을 강요했다. 매춘을 하던 도중 임신이 된 그녀는 집을 뛰쳐나와 한 남자를 만나 결혼을 했다. 그러나 군인이었던 남편은 광기의 발작 속에서 자살했고 그녀도 알코올 중독으로 사망한다.

안데르센의 어린 시절은 중독, 폭력, 매춘, 가난으로 점철되었다. 한 인간의 출발점에서 이보다 더 불행한 조건을 갖춘 이가 또 있을까 싶다. 그러나 이런 암울한 조건에서 안데르센은 좌절하지 않았다. 비록 불행한 가정사를 가졌으나 글을 배우고 시를 쓰면서 문학에 눈을 떴다. 그에게 관심을 가져 준 이들과 교감을 나누고 창작의 기쁨 속에서 과거의 그림자를 다스렸다. 그는 결코 과거의 불행을 회피하지 않았다. 그의 문학 작품에는 불행과 행복이라는 두 세계가 모두 공존한다. 만일 그가 어린 시절의 불행을 저주하는 데만 몰두했다면 그의 아름다운 작품들은 세상에 나오지 못했을지도 모른다.

상처를 감추는 일은 위험하다. 오래도록 마음속에 묻어 둔 상처일수록 더욱 그렇다. 억눌린 상처가 인생 전체를 파괴해 버릴 수도 있기 때문이다. 상처를 치유하기 위해서는, 시간이 많이 걸리고, 설사 고통을 다시 겪게 되더라도 한 번은 상처와 마주해야 한다.

상담을 하면서 힘들 때가 이때다. 상처의 깊이가 깊을수록 내담자는 그것을 마주하기 매우 힘들어한다. 오히려 격려와 좋은 이야기를 해 달라고 하는 내담자도 있다. 하지만 동굴에 틀어박힌 상처를 끌어내기 위해서는 상처 받았다는 사실을 창피하게 생각해서는 안 된다. 상처는 그 사람이 못났거나 잘못된 운명을 타고 나서 발생하는 것이 아니기 때문이다. 이 세상을 살아가는 동안 그 누구도 상처를 피해갈 수 없다. 그러므로 자기 자신을 죄책감에서 풀어 주고, 자신을 사랑하는 사람들과 더 돈독한 우정을 나누는 것이 중요하다. 상처라는 큰 파도를 만나면 더 이상 두려워하지 말고 차라리 파도타기를 해 보자. '피할 수 없으면 즐겨라'라는 말처럼 말이다.

톨스토이는 이렇게 말했다.

"인간에게는 고통과 병이 필요하다. 고통과 실패가 없다면 기쁨, 행복, 성공을 무엇과 비교하겠는가?"

큰 상처 중 갑자기 생긴 상처는 없다. 모든 상처에는 이유가 있다. 더 이상 숨기거나 아파하지 말고 상처를 바로 보고 치료하자.

아직 치유되지 않은
상처

"치유되지 않은 상처를 가진 사람은 그 상처를 계속 다른 사람에게 전가한다"고 고대 그리스 철학자 에픽테토스가 말했다.

드라마에서도 자주 보는 상황이지만 모진 시집살이를 경험한 어머니가 며느리에게 더 지독한 시집살이를 시킨다. 남아 선호 사상의 피해자였던 어머니가 아들을 더욱 편애한다. 알코올 중독인 아버지 밑에서 자란 아들이 나중에 성장해서 폭력 가장이 되는 경우가 많다.

자신이 이런 피해를 당했으면 그러지 말아야 하는데 왜 그런 잘못을 되풀이하는 걸까? 자신의 상처를 치유하지 못했기 때문이다. 자신의 상처를 치유하지 못했기 때문에 비슷한 상처를 입히는 것이다.

한번은 유치원생 딸을 둔 엄마가 화가 나면 자기도 모르게 아이를 자꾸 때리게 된다며 찾아왔다. 한참 때리다가 정신을 차리고 나면 딸의 얼굴에는 이미 멍이 들어 있고, '내가 지금 무슨 짓을 한 거지?' 하고 뼈저리게 후회를 한다고 했다. 하지만 후회도 잠시. 감정을 다스리지 못하고 또 손찌검을 하게 된다며 울먹였다.

이렇게 아이를 상습적으로 때리는 엄마의 경우 어렸을 때부터 가정 폭력에 노출된 경우가 많기 때문에 폭력에 대한 저항으로 자신은 절대로 아이를 때리지 않겠다고 다짐한다. 하지만 아이러니 하게도 시도 때도 없이 맞고 자란 기억이 무의식 속에 잠재되어 있다가 화가 나면 자기가 맞았던 것처럼 아이를 때리는 악순환을 반복한다. 자기도 모르게 자녀에게 자신의 상처를 대물림하는 우를 범한다. 아이들이 얻은 마음의 병은 상처 받은 부모의 마음에서 비롯된다.

소설 《삼국지》에 등장하는 장비는 겉보기에는 도무지 두려운 게 없는 담대한 무장이다. 비록 싸움에서는 겁이 없는 천하무적이었지만 장비는 대인 관계에서 지나치게 겁이 많아서 사람들과의 관계를 제대로 풀지 못했다.

예를 들면, 그는 유비가 실망스러운 행동을 하자 화가 나 술만 퍼 먹다가 슬쩍 떠나 버리려 했다. 또 그는 관우가 불가피한 사정으로 조조에게 잠깐 몸을 위탁했다가 돌아왔을 때도 무작정 그를 죽이려고만 했다. 관우의 말을 들으려고도 믿으려고도 하지 않았다. 장비는 사람을 좀처럼 신뢰하지 못해 다른 사람들을 의심하고 불신했다. 그 뿐만 아니라 툭하면 자기가 가까운 사람들에게 버림을 받았다거나 버림 받게 될 거라고 지레짐작을 하면서 대인 관계를 단절하는 패턴을 반복했다.

그에게 뚜렷하게 드러났던 대인 관계에서의 심리적 취약성은 어린 시절의 상처에서 비롯되었다. 장비는 명문가의 후예였지만 다섯 살 때 집안이 풍비박산되면서 어린 시절을 불우하게 보냈다. 충분한 사랑을 받기는커녕 생명조차 보호 받지 못해 세상을 두려워하면서 숨어 살아왔기에 대인 불신감을 가질 수밖에 없었다.

이처럼 어린 시절의 불우한 경험은 마음속에 상처를 남길 수밖에 없다. 성인기에는 별다른 문제가 되지 않을 수 있는 평범한 사건조차 어린 아이에게는 상처가 될 수 있다.

법륜스님의 '즉문즉설'에 나온 이야기다.

"제 우울증의 근본에는 가족들이 있습니다. 어릴 때 아버지가 저를 성폭행했습니다. 알코올 중독인 아버지 때문에 집안엔 부부 싸움이 잦았습니다. 어릴 땐 아버지만 미웠는데 아버지를 괴롭게 만든 게 어머니란 생각이 들면서 작년부터는 어머니도 미워졌고, 7년 만에 아버지를 만났을 때 증오심과 불쌍하다는 감정이 동시에 들었습니다. 부모님을 어떻게 해야 할지 모르겠습니다. 또 결혼을 하고 싶은데 어렸을 때 받은 상처를 상대방한테 어떻게 말해야 할지 모르겠고 사귀기도 어렵습니다."

"어떤 사람이 나를 납치해서 강제로 마약 주사를 놨다고 합시다. 마약에 취해 있다가 정신이 들면 탈출을 시도했고, 실패하면 다시 마약을 맞는 일이 되풀이되었습니다. 이렇게 여러 해 동안 고통을 겪다가 경찰 단속으로 거기서 풀려나게 되었습니다.

이제 나는 마약을 안 맞아도 됩니다. 그런데 이제는 내 스스로 마약을 찾아서 맞습니다. 마약을 하면 처벌을 받는다고 해도, 가족과 경찰이 말리는데도 숨어서 마약을 합니다. 누가 나에게 왜 마약을 하냐고 묻는다면, 내가 하고 싶어서가 아니라 그들이 강제로 나를 마약 중독자로 만들었으니 내 책임이 아니라 그들 책임이라고 하겠습니까? 처음에는 분명 나를 괴롭히는 사람이 있었지만 지금은 괴로워하는 것이 습관이 돼서 아무도 나를 괴롭히는 사람이 없는데도 나 혼자서 괴로워하고 있는 것입니다.

원인이 어디서 어떻게 생겼든 지금 마약을 하는 이 습관은 나의 습관이고 내가 이것을 멈춰야 내 인생이 좋아집니다. 나를 납치해서 마약을 주사한 그 사람이 나한테 잘못했다고 빌어야 마약을 끊을 겁니까? 아버지가 개과천선해서 나한테 잘못했다고 빌어야 내가 이 고통에서 벗어날 겁니까? 아버지로부터 내 고통이 시작됐다고 하더라도 지금 이 고통은 내 것입니다."

그렇다. 중요한 것은 괴로움이 생긴 원인을 찾는 것이 아니라 그 고통에서 벗어나는 방법을 찾는 것이다. 자신의 고통을 되새김질하며 괴로워하는 것을 그만 두어야 한다. 자기 자신보다 세상을 향해 시선을 돌릴 때 세상의 아름다움도 느끼고 그동안 보지 못했던

124

길가의 작은 풀꽃의 향긋함도 느낄 수 있다. 시선이 자기 자신만을 향할 때는 타인의 모습이 눈에 들어오지 않는다. 눈에 들어온다 해도 오로지 단점밖에 눈에 띄지 않는다. 그렇기 때문에 타인과 선뜻 친해질 수 없을 뿐더러 그만큼 삶은 외롭고 삭막해진다.

유태인 제자 한 사람이 랍비를 찾아와 물었다.

"가난한 사람들은 비록 가진 것은 없지만, 힘이 닿는 데까지 서로 도우며 살려고 합니다. 그런데 저는 왜 그런 마음이 생기지 않는 걸까요?"

랍비는 잠시 무엇인가 생각하더니 이렇게 말했다.

"창밖을 내다보아라. 무엇이 보이느냐?"

제자는 이렇게 대답했다.

"엄마가 아이의 손을 잡고 다정하게 길을 걷고 있습니다. 그리고 마차 한 대가 한가롭게 달려가고 있습니다."

잠시 후 랍비는 다시 물었다.

"그렇다면 이번에는 벽에 걸린 거울을 자세히 들여다보아라. 무엇이 보이느냐?"

제자는 거울을 몇 번이나 들여다본 후 대답했다.

"제 모습밖에는 보이지 않습니다."

그러자 랍비는 조용하고도 단호하게 제자에게 말했다.

"창이나 거울 모두 유리로 만들어졌지만, 유리에 칠을 하게 되면 자신의 모습밖에는 볼 수 없는 법이지."

마음속에 자신의 상처에 대한 부정적인 감정으로만 가득 차 있으면 다른 사람이 들어올 공간이 없다. 방안에 물건을 잔뜩 쌓아 놓고서 다른 물건을 놓을 공간이 없다고 말하는 것과 같다. 마음속 비우지 않은 쓰레기통은 악취만 가득할 뿐이다. 먼저 마음 안의 쓰레기통을 비울 때 새로운 것을 담을 수 있다. 자신이 행복하지 않으면 모든 게 불행하게 보이는 것처럼 무엇보다 자신의 치유가 우선되어야 한다.

부처는 증오와 원한이 있는 독성에 대해 이렇게 말했다.

"원한을 품는 것은 다른 사람에게 던지려고 뜨거운 석탄을 손에 쥐고 있는 것과 마찬가지다. 화상을 입는 것은 자기 자신이다."

결국에는 상대를 향해 타오르던 증오와 독은 상대가 아닌 자신을 죽게 만든다. 그렇다면 이 원한과 증오, 복수심은 어떻게 사라지게 할 수 있을까?

진정한 용서만이 답이다. 용서란 자신에게 해를 끼친 상대에 대한 분노와 증오심을 버리고 사랑하는 것이다. 물론 쉬운 일은 아니다.

진정한 용서는 나 자신을 위한 것이다.

인간관계에서 늘 같은 방식으로 고통을 겪거나, 돈을 빌려 주고 매번 돌려받지 못하거나, 같은 이유로 반복적으로 연인과 헤어진

126

다면 관계에 대해 다시 한 번 뒤돌아봐야 한다. 성장을 하려면 반드시 아직 자신의 치유되지 않은 부분을 마주하고 대면해야 한다. 그래야 비로소 아물지 않은 상처가 아물게 되는 것이다.

어린 시절의 상처가
더 치명적이다

상담을 위해 찾아오는 아이들의 엄마의 눈에는 아이를 걱정하는 불안감과 함께 그 엄마가 겪어 온 고통과 상처가 고스란히 담겨 있다. 아픈 아이들을 상담하기에 앞서 우선 그 엄마들을 살펴보아야 한다. 아이보다 엄마에 문제가 있는 경우가 80퍼센트를 넘기 때문이다.

하지만 문제는, 엄마들이 자신에게 문제가 있다는 사실을 받아들이기 힘들어 한다는 것이다. 아이들 마음에 병이 생기는 이유는 선천적인 이유를 제외하곤 엄마에게 원인이 있는 경우가 대부분이다.

사람은 누구나 콤플렉스를 가지고 있다. 콤플렉스란 소화가 되지 않은 정신적 갈등의 덩어리를 말한다. 건강한 부모는 갈등을 그대로 두지 않고 어떻게든 풀려고 노력한다. 이런 부모는 자존감이 있기 때문에 무조건 '내 탓'이라고 생각하지 않는다. 또한 무조건 '네 탓'이라고 생각하지도 않는다. 하지만 어릴 적 상처가 있는 부모는 자존감이 낮아서 갈등이 생기면 무조건 자기 탓을 하게 된다. 매 순간 내가 잘못해서 그런 것은 아닐까 자꾸 불안해한다.

많은 부모들이 놓치고 있는 것이 있다. 바로 아이들 앞에서 부부 싸움을 하는 것이다. 부부 싸움은 집안의 긴장도를 극도로 높여 아이에게 커다란 마음의 상처를 입힌다. 이렇게 상처 받은 아이는 성장 후 건강한 삶을 살기가 쉽지 않다.

어린 시절의 상처는 청소년기 이후에 생기는 상처와는 비교할 수 없을 정도로 사람의 마음에 심각한 악영향을 남긴다. 어린아이는 성인보다 육체적으로 뿐만 아니라 정신적으로도 약하다. 그래서 어릴 때 받은 상처는 아주 위험하다.

폭군의 대명사처럼 회자되는 연산군이 폭군이 된 주요한 원인도 어릴 적 받은 심리적 상처 때문이다. 연산군은 발달 심리학자들이 그렇게도 강조하는 1~3세 사이에 치명적인 심리적 상처를 갖게 되었다. 연산군이 생애 초기부터 떠안게 되었던 어린 시절의 치명적인 상처는 자신을 세상으로부터 지키려는 과정에서 생겨났다. 연산군이 사람들을 마구 죽이게 되었던 것 역시 사람들을 믿지 못하고 자신이 위협을 받는다는 생각에서 비롯된다.

연산군의 사례처럼 어린 시절의 상처를 제대로 치유하지 못하면 실패한 인생을 살게 된다. 필자 역시 어릴 적 부모님의 불화로 고통 받았기 때문에 싸우는 것을 굉장히 싫어한다. 그래서 여간해서는 아내와 다투는 일이 없다. 간혹 의견 충돌이 있더라도 내가 먼저 참는다. 아내와 다투는 모습을 아이들에게 보여주기 싫기 때문이다. 그렇지만 모든 부부들이 살면서 다툼이 없을 수는 없다. 다투더라도 화해하는 모습을 아이들 앞에서 보여주면 된다.

현재의 삶이 불만족스럽고 괴로워 상담하러 오는 내담자의 대부분이 어릴 적 상처를 가지고 있다. 현재의 나를 고통스럽게 만들고 나아가 내 삶의 질을 저하시키는데도 어린 시절의 상처가 있는지조차 모른다면 그 얼마나 괴롭겠는가. 어린 시절의 상처에 대해 아는 것이 우선되어야 한다.

주위를 둘러보면 성인인데도 불구하고 과도하게 남들로부터 사랑을 받는 데에만 과도하게 집착하는 사람들이 있다. 그들은 대체로 어린 시절에 부모로부터 사랑을 제대로 혹은 충분히 받지 못해 사랑에 굶주리게 된 애정결핍자이다. 어린 시절의 상처를 치유하지 못한다면 사랑에 대한 굶주림도 계속된다.

어린 시절의 상처는 세상과 건강한 관계를 맺지 못하게 만든다. 상처가 있는 사람은 자기의 상처를 건드리는 것을 몹시 싫어한다. 상처를 건드리면 너무 힘들고 고통스럽기 때문이다. 그래서 상처가 심한 사람일수록 자기의 상처를 건드리는 자극들을 더 겁내고 방어적인 태도를 보이기도 한다. 자존감이 낮은 사람은 다른 사람의 사소한 지적이나 비판에도 커다란 충격과 고통을 느낀다. 반면 자존감이 높은 사람은 보호할 상처가 없기 때문에 세상을 바라보는 시선이 우호적이고 개방적이다.

폭력부터 우울증, 자폐증 등 아이의 문제 때문에 상담하는 부모들이 갈수록 늘고 있다. 이렇게 문제가 있는 아이들을 보면 그 문제가 단순히 아이의 문제가 아니라, 가슴속 깊이 응어리져 있는 부모의 상처가 아이에게 재현되고 있다는 것을 알 수 있다.

문제 행동에 얽혀 있는 부모의 감정과 성장 과정을 듣고 있으면 그 끝에 부모의 상처를 닮아 가고 있는 아이가 보인다. 대개 부모는 아이가 문제 행동을 보이면 먼저 남 탓, 친구 탓을 하면서 정작 자신의 치유되지 않은 마음이 원인이라고는 생각하지 못한다. 상담을 의뢰하러 오는 부모들의 전화 통화로도 부모의 마음 상태를 충분히 느낄 수 있다. 폭력적인 아이들을 보면 폭력적인 부모 밑에서 자란 아이들이 대부분이다. 가정 폭력은 세대 간 대물림된다.

아이가 말을 안 듣고 힘들다면 아이와 나와의 관계에 대한 원인을 찾아야 한다. 문제는 아이가 아니라 나의 과거에 있을 수도 있기 때문이다. 자신의 과거 때문에 아이의 삶까지 망칠 수는 없다.

피가 철철 흐르는 살아 있는 상처를 계속 마음속에 담아 두면 상처는 더욱 길길이 날뛰며 나뿐만 아니라 주변 사람들의 마음에까지 상처를 입힌다. 누가 나의 마음을 상하게 하는 것을 그냥 덮고 지나가면 안 된다. 특히 어릴 적 상처는 더욱 그렇다. 나를 괴롭히는 가장 힘든 적은 바로 나 자신이라는 사실을 깨달아야 한다. 어떤 종류의 열등감도 내가 허락하지 않으면 결코 나의 삶을 침범할 수 없다.

실연의 상처가 깊을 수밖에 없는 이유는 이렇게 혼자 힘으로는 극복이 불가능할 만큼 자존감에 상처를 입기 때문이다. 어린 시절 부모에게 거부당한 경험이 있는 사람은 연인에게서 부모와 비슷한 점을 발견하면 그것이 아무리 사소한 것이라도 실연을 당한 것처럼 고통 받는다.

히틀러 정권에 의해 집단수용소에 갇혀 학대를 당했던 피해자들이 미치지 않을 수 있었던 것은 학대자에 대한 증오와 분노를 다른 피수용자들과 같이 나누고 공감했기 때문이다. '기쁨은 나눌수록 커지고 슬픔은 나눌수록 작아진다'는 말처럼 고통을 누군가와 함께 나누는 것은 고통을 줄여 준다. 수용소에 갇혀 있던 사람들과 달리 부모에게 학대 당한 아이는 반드시 상처를 떠안게 된다. 그것은 그가 어려서이기도 하지만 다른 아이들과 연대를 할 수가 없어서이기도 하다.

어린 시절의 상처는 어른들이 생각하는 이상으로 훨씬 치명적이다. 아이들에게 이처럼 큰 상처가 생기지 않도록 주의해야 한다.

아픈 과거 치유하기

요즘 힐링, 즉 치유가 유행이다. 최근에 집 근처에 치과가 개업을 했는데 치과 상호도 '힐링치과'이다. 그만큼 요즘 시대 사람들이 힘들고 지쳤다는 반증이기도 하다. 우리 몸에는 많은 기관들이 일사분란하게 쉬지 않고 활동하고 있으며 모든 신체활동을 총괄한다. 자신의 몸을 소중하게 생각하면 몸은 자연히 치유력을 갖는다. 하지만 자신의 몸과 마음을 방치하고 홀대하면 금세 악화된다. 그만큼 몸과 마음이 둘이 아니고 하나다. 마음이 아프면 몸이 먼저 반응을 한다.

필자는 어린 시절에 부모의 불화로 인해 큰 고통을 겪었고 이는 사람들과의 관계에도 악영향을 미쳤다. 공포와 분노를 품고 사람들과의 관계를 힘들어 했다. 항상 최악의 기분을 느끼며 아픔과 상처로 가득한 인생을 살았다.

고통에서 벗어나고자 상담 치유 프로그램을 찾아다니다가 '상처받은 내면아이 치유'를 접하면서 내 안에서 울고 있던 7살짜리 아이를 만나면서 치유되었다. 자신의 상처와 분노를 치유한 경험이 있는 사람이라면, 상담사가 아니더라도 다른 사람들의 아픔을 자신의 것처럼 느낄 수가 있다.

나 자신이 그런 고통과 아픔을 겪어 본 덕에 다른 사람들의 아픔을 더 잘 이해할 수 있었다. 그들의 상처를 내 상처처럼 끌어안고 진심으로 함께 아파할 수 있

133

었다. 상처 입은 내면아이와 만나서 화해하고 안아줄 때 비로소 자유로워질 수 있다.

1980년 미국에서 로저 칼라한Roger Callahan이라는 저명한 임상심리학 박사가 메어리라는 극심한 물 공포증 환자를 치료하다가 발견한 치료법이 있다. 바로 EFTEmotion Freedom Techniques기법이다. 침을 사용하지 않는 독특한 침술이라 할 수 있다. 증상과 관련된 말을 소리 내어 말하면서 몸의 경혈을 침 대신 손가락으로 두드려 자극하면 인체의 자연치유력이 극대화되어 부정적 감정이나 육체적 증상들이 완화된다. 이 과정은 매우 간단하기 때문에 누구나 쉽게 배워서 적용할 수 있다.

최인원 원장의 《5분의 기적 EFT》에도 상세히 잘 설명되어 있다. EFT는 사실 10분만 배워도 누구나 쓸 수 있을 정도로 단순하면서 막강한 효과를 나타내기 때문에 여러 환자들에게 적용된 이력이 있다. 다양한 공포증을 갖고 있는 사람, 아동 학대 경험 피해자, 친아버지에게 만성 성폭력을 당한 환자, 베트남 참전 후 수십 년간 고통을 받은 사람들도 EFT를 통해 치유될 수 있었다.

모든 상처가 된 기억에는 부정적 감정이 결부되어 있고, 이것만 제거되면 기억 자체가 힘을 잃거나 사라진다. EFT는 침술과 비슷하다. 경혈에 침을 사용하는 대신 손가락을 사용하여 두드려 인체 내부의 에너지 흐름이 정상으로 회복되도록 조절한다. 치유기법 중에 '영화관 기법'이 있다. 자신의 고통스러운 과거의 기억 하나를 고른다. 이것을 단편 영화로 만든다고 생각한다. 주제를 나타내는 제목을 붙이고 핵심적인 사건들 위주로 해서 10분 내외로 영화를 만든다.

영화를 진행하면서 감정이 고조되고 괴로운 부분이 있으면 멈추고 EFT 경혈 타점을 두드린다. 불편한 감정이 사라질 때까지 반복한다. EFT는 미국의 게리 크레이그에 의해서 치료를 위한 수단으로 출발했지만 그것이 적용되는 영역은 아주 광범위하고 다양하다.

EFT는 각종 심리적 문제를 비롯하여 신체적 문제나 증상, 통증, 자신감 증진, 잠재력 개발, 목표 달성, 꿈의 실현과 같은, 직접적으로 치료와 관련이 없어 보이는 다양한 주제나 문제에도 도움을 주고 있다. 일상생활에서 가벼운 두통이나 소화 불량으로 불편을 느낄 때, 시험을 앞두고 마음이 불안할 때도 EFT를 쉽게 활용할 수 있기에 EFT는 우리 모두에게 상비약과 같은 기능을 한다고 생각한다.

원래 EFT는 감정을 치유하기 위해 나온 방법이다. 하지만 감정을 치료하다 보니 육체 증상에도 효과가 있다는 사실을 알게 되었다. 미국의 유명한 비뇨기과 의사인 에릭 로빈스는 이렇게 말한다. "대체로 85퍼센트의 신체 증상의 원인은 부정적 감정이다." 이처럼 모든 신체적 증상은 마음에 문제를 일으킨 후 몸의 증상으로 나타나는 것이다. 게리 크레이그는 "해소되지 않은 부정적 감정은 반드시 몸에 나타난다"고 말한다.

필자 역시 내담자의 심리치유 상담을 할 때 EFT기법을 이용해서 상담한다. 상처의 원인을 찾는 것으로 시작한다. 마음의 병이나 몸의 병도 무의식에 기록된다. 처음 아플 무렵에 마음이 힘들었던 일이 있었는지를 확인한다. 대부분 이런 질문을 하면 아픈 것 이외에는 특별한 일이 없었다고 답한다. 대부분의 사람들이 육체 증상과 마음이 관련 있다는 것을 모르기 때문이다. "살면서 가장 힘들었던 일이 있다면 무엇인가요?" 하고 물어보기도 한다. 상처가 많은 사람은 무의식에 억압되었던 끔찍한 악몽과 같은 상처들이 한꺼번에 올라와서 힘들 수 있기 때문에 스스로 상처가 깊다고 생각되면 넘어가는 게 좋다.

이처럼 깊은 상처는 초보자가 혼자서 EFT를 적용해서 해결하는 것은 쉽지 않다. 예를 들어 낙태한 경험이라든지, 성폭력 당했던 기억, 가족의 자살을 목격했던 경험, 알코올 중독 부모에게 지속적으로 학대를 당했던 기억 등이 그렇다. 이런 경험은 전문가의 도움을 받아 치유하기를 권한다.

《EFT로 낫지 않는 통증은 없다》의 최인원 원장은 이렇게 설명한다. 우리는 평소에 몸에게 너무 가혹하다. 건강할 때에는 무관심하다가 통증이나 병이 생겨야지만 겨우 관심을 갖기 시작한다. 관심이라고 해봤자 그렇게 긍정적이지도 않다. 기껏해야 투정과 불만과 불평이 대부분이다. 심지어는 아픈 몸을 향해 저주에 가까운 말을 내뱉기도 한다. '몹쓸 어깨', '지긋지긋한 허리통증', '말 안 듣는 무릎' 등등. 특히 만성질환이 있는 환자일수록 몸에 대한 비난과 저주가 많은 편이다. 이렇게 우리는 항상 몸에게 불평을 늘어놓는데, 이런 비난과 저주 때문에 몸이 더 아프다.

지금 현재 이유 없이 몸이 아프다거나 마음이 우울하고 괴롭다면 아픈 현상을 말하면서 EFT경혈 타점을 두드려 보자. 깊지 않은 상처와 몸의 증상은 가뿐히 사라진다. 육체적, 정신적, 감정적 문제들은 모두 그 에너지 시스템의 조화가 깨져 나타나는 현상으로 보면 된다. 증상 또는 문제를 구체적으로 말로 표현하는 이유는 뇌로 하여금 그 문제에 집중하게 하기 위함이다. 14곳의 경락을 두드리는 이유는 체내에 압전기의 효과를 주어 인체 내부의 에너지 흐름을 정상으로 되돌려 놓기 위함이다. 고인 물이 썩듯이 사람의 몸도 부정적인 에너지가 몸에 남아 있으면 정신적이나 신체적으로 악영향을 준다.

먼저 두드리는 방법은 검지와 중지를 가지런히 모아서 두 손가락으로 두드린다. 타점 중에서 일부는 대칭적으로 신체 좌우에 위치하는데 어느 쪽을 두드려도 상관없다. 가슴압통점은 두드리지 말고 양손 손가락으로 넓게 문지르면 된다. 두드리는 손은 좌우 어느 쪽이든 편한 손을 사용한다. 먼저 내가 해결하고 싶은 증상이나 문제를 한 가지 선택한다.

육체적인 문제로 예를 든다면 "왼쪽 어깨가 쑤신다"라든지, 심리적 문제로 예를 든다면 "내일 졸업 발표를 망칠까봐 두렵고 긴장된다"도 괜찮다. 이처럼 문제를 선택한 후 그것으로 인해 불편한 정도를 확인한다. 불편한 정도(고통지수)는 0에서 10사이의 숫자로 등급을 매기는데, 0은 아무런 불편함 없이 편안한 상태이고 10은 도저히 감당하기 힘들 정도의 불편함 또는 고통이 느껴지는 상태다. 자신의 주관적 느낌에 따라 등급을 매기면 된다. 선택한 증상이나 문제를 아래 문장의 빈칸에 넣는다.

"나는 비록 _____하지만, 이를 온전히 받아들이고 마음 깊이 사랑합니다."

예를 든다면, "나는 비록 왼쪽 어깨가 쑤시지만, 이를 온전히 받아들이고 마음 깊이 사랑합니다." / "나는 비록 내일 졸업 발표를 망칠까봐 두렵고 긴장되지만

이를 온전히 받아들이고 마음 깊이 사랑합니다." 이처럼 증상을 말하면서 타점을 순서와 같이 두드리면 된다.

눈썹, 눈 옆, 눈 밑, 코 밑, 입술 아래, 쇄골, 겨드랑이 아래, 명치 옆, 엄지, 검지, 중지, 소지, 손날. 이와 같이 EFT 1회를 마치고 끝난 후에는 처음에 매겼던 고통지수를 현재의 고통지수와 비교해서 좀 더 구체적으로 증상에 대해 적용하면서 반복하면 된다. 현재의 삶이 괴롭고 몸과 마음이 아픈 모든 분들이 이 기적 같은 EFT기법을 많이 이용해서 좀 더 밝아지고 행복해졌으면 좋겠다.

Part 3

나를 만나고,
나를 사랑하고,
나를 치유하라

결국,
나의 천적은 나였다

우리는 걸핏하면 남을 판단하려 든다. 남에게 어떤 사정이 있는지, 어떤 상처가 있는지 생각해 보지도 않고 무조건 나의 잣대로만 판단 한다. 살면서 괜스레 미운 사람이 있기 마련이다. 상대의 싫어하는 부분은 사실 나에게도 있기 때문에 내 모습이 비춰지면서 싫게 느껴지는 것이다.

장자의 《산목》편에 나오는 빈 배 이야기를 들어 보자.

한 사람이 배를 타고 강을 건너다가 빈 배가 그의 배와 부딪히면 그가 아무리 성질이 나쁜 사람일지라도 그는 화를 내지 않을 것이다. 왜냐하면 그 배는 빈 배이니까. 그러나 배 안에 사람이 있으면 그는 그 사람에게 피하라고 소리칠 것이다. 그래도 듣지 못하면 그는 다시 소리칠 것이고 마침내는 욕을 퍼붓기 시작할 것이다.

이 모든 일은 그 배 안에 누군가 있기 때문에 일어난다. 그러나 그 배가 비어 있다면 그는 소리치지 않을 것이고 화내지 않을 것이다. 세상의 강을 건너는 그대, 자신의 배를 빈 배로 만들 수 있다면 아무도 그대와 맞서지 않을 것이다. 아무도 그대를 상처 입히려 하지 않을 것이다.

미국 코넬대학교 심리학과 연구팀은 1992년 하계 올림픽 중계권을 가졌던 NBC의 올림픽 중계 자료를 면밀히 분석했는데, 메달리스트들이 게임 종료 순간에 어떤 표정을 짓는지 감정을 분석하는 연구였다.

연구팀은 실험 관찰자들에게, 분석이 가능했던 23명의 은메달리스트와 18명의 동메달리스트의 얼굴 표정을 보고 결정적인 순간에 이들의 감정이 '비통'에 가까운지 '환희'에 가까운지 10점 만점으로 평정하게 했다. 그 뿐만 아니라 게임이 끝나고 개최하는 시상식에서 선수들이 보이는 감정을 동일한 방법으로 평정하게 했다. 시상식에서의 감정을 평정하기 위해 은메달리스트 20명과 동메달리스트 15명의 시상식 장면을 분석하게 했다. 분석 결과, 게임이 종료되고 메달 색깔이 결정되는 순간 동메달리스트의 행복 점수는 10점 만점에 7.1로 나타났다. 비통보다는 환희에 더 가까운 점수였다. 그러나 은메달리스트의 행복 점수는 고작 4.8로 평정되었다. 환희와는 거리가 먼 감정 표현이었다.

객관적인 성취의 크기로 보자면 은메달리스트가 동메달리스트보다 더 큰 성취를 이룬 것이 분명하다. 그러나 은메달리스트와 동메달리스트가 주관적으로 경험한 성취의 크기는 이와는 반대로 나왔다. 시상식에서도 이들의 감정 표현은 역전되지 않았다. 동메달리스트의 행복 점수는 5.7이었지만 은메달리스트는 4.3에 그쳤다.

이 연구팀은 여기서 한 걸음 더 나아가 은메달리스트와 동메달리스트의 인터뷰 내용도 분석했다. 은메달을 딴 선수들이 인터뷰를 하는 동안 '거의 ~할 뻔했는데'라는 아쉬움을 많이 드러냈는지 아니면 '적어도 이것만큼은 이루었다'라는 만족감을 나타냈는지를 평정했다. 분석 결과를 보면 동메달리스트의 인터뷰에서는 만족감이 더 많이 표출되었고, 은메달리스트의 경우 아쉽다는 표현이 압도적으로 많았다. 왜 은메달리스트가 3위인 동메달리스트보다 더 만족스럽게 느끼지 못한 것일까?

선수들이 자신이 거둔 객관적인 성취를 가상의 성취와 비교함으로써 객관적인 성취를 주관적으로 재해석했기 때문이다. 은메달리스트들에게 그 가상의 성취는 당연히 금메달이었다. "2세트에 서브 실수만 하지 않았더라면 금메달을 딸 수 있었을 텐데." 최고 도달점인 금메달과 비교한 은메달의 주관적 크기는 선수 입장에서는 실망스러운 것이다. 반면 동메달리스트들이 비교한 가상의 성취는 '노메달'이었다. 까딱 잘못했으면 4위에 그칠 뻔했기 때문에 동메달의 주관적 가치는 은메달의 행복 점수를 뛰어넘을 수밖에 없다. 객관적으로 보자면 더 낮은 성취를 거둔 동메달리스트가 더 높은 성취를 거둔 은메달리스트보다 더 행복하다는 얘기다. 자신이 느끼는 좋고 싫음의 감정은 주관적이다.

모처럼 가족과 함께 외식을 하러 갔다. 30대 초반으로 보이는 한 젊은 엄마가 두 아이를 데리고 음식점에 들어섰다. 그녀는 주문을 한 후에 앉아 있었고, 두 아이들은 식당 안에서 장난을 치며 뛰어다녔다. 그런데도 그녀는 전혀 아이들을 제지하지 않았다. 손님들이 수군거리기 시작했다.

"엄마가 왜 아이들을 혼내지 않지? 주위 사람들을 전혀 배려하지 않는군!"

아이들의 장난이 점점 심해졌다. 식사를 하고 있는 우리도 정신이 없어 불쾌감을 느끼기 시작했다. 나도 아이들을 키워서 이해는 하지만 너무 심하다는 생각이 들었다. 뒤늦게 음식점 주인이 나타나서 젊은 엄마를 타일렀다. 하지만 분위기가 심상치 않았다. 젊은 엄마는 울먹이는 듯 보였다. 나중에 식사를 하고 계산을 할 때 음식점 주인에게 물어보니, 젊은 엄마의 남동생이 조금 전 의사로부터 말기 암 판정을 선고받아서 어떻게 해야 할지 모르겠다는 것이다. 그 말을 들으니 화난 마음이 눈 녹듯 누그러졌다.

일상생활에서 겪는 불쾌한 감정은 모두 자신 안에서 만들어진다. 어떻게 생각하고 해석하느냐에 따라 세상이 다르게 보인다.

톨스토이는 "모든 사람이 세상을 바꾸겠다고 생각하지만 누구도 자신을 바꿀 생각은 하지 않는다"고 말했다. 이 말은 사람들이 자신의 의지대로 쉽게 할 수 있는 일은 내버려 두고, 현실적으로 실현하기 힘든 크고 위대한 것만 생각함을 꼬집은 것이다.

파울로 코엘료는 산문집《흐르는 강물처럼》에서 이렇게 말했다.

"연필에서 가장 중요한 건 외피를 감싼 나무가 아니라 그 안에 든 심이야. 그러니 늘 네 마음속에서 어떤 일이 일어나고 있는지 그 소리에 귀를 기울이렴."

마음에 귀를 기울일 수 있는 시간은 절대 고독의 시간이다. 고독이 나를 성장하게 한다는 사실을 알면서도 혼자 있지 못하는 것은 단절에 대한 두려움 때문이다. 다른 사람의 인정과 도움 없이는 자신의 존재를 단단하고 올곧게 세울 수 없다고 지레짐작하기 때문이다. 고독을 성장의 동력으로 삼으려면 먼저 자신에 대한 믿음이 필요하다.

작은 붓놀림 하나하나가 모여 다채로운 색상과 질감이 살아 숨 쉬는 아름다운 미술 작품을 만들어 낸다. 단어 하나하나가 모여 아름다운 시를 만들어 내며, 꼭지 하나하나가 모여 책 한 권이 만들어진다. 음표 하나하나가 모여 훌륭한 교향곡을 만들어 낸다. 우리 삶도 마찬가지다. 긍정적인 마음가짐들이 하나씩 모여 나의 인생을 좀 더 멋지게 만들 수 있는 것이다.

결국 나를 움직이는 것은 생각들이다. 긍정적인 생각이 될 수도 있고, 부정적인 생각이 될 수도 있다. 생각에도 리듬이 있다는 사실은 뇌파 측정기에 그려지는 뇌파의 리듬을 보면 알 수 있다. 분노할 때의 뇌파, 평화로울 때의 뇌파가 각기 다른 리듬을 그려 낸다. 리듬이 생기는 건 아인슈타인의 말대로 "생각도 에너지 덩어리"이기 때문이다. 에너지 덩어리는 진동하기 마련이고 진동하면 리듬이 생긴다. 내가 어떤 생각을 해서 진동을 일으킬 것인지는 자신에게 달려 있다.

우리는 부정적 생각이 생기면 무조건 그냥 덮어 버린다. 덮어 버리면 사라지려니 생각한다. 하지만 무조건 덮어버린다고 부정적 생각이 사라지지 않는다. 나의 실패한 부정적 생각을 덮어버리지 말고 자세히 관찰하는 것이다. 그럼 부정적 생각의 원인이 드러난다. 원인은 십중팔구 근거 없는 허상이다. 부정적 생각 자체도 바라보는 순간 거품처럼 꺼져버리는 허상이다. 이제부터라도 부정적인 생각이 들면 자신이 그 원인을 이해해주면 마음에서 사라지게 된다. 결국 나의 천적은 내가 만든 부정적인 생각이었던 것이다.

우리는 상실의 슬픔을 통해
성장한다

세상 모든 것은 아픔과 시련을 통해 더욱 단단하고 견고해진다. 힘들고 어려운 시간이야말로 좌절과 슬픔을 극복하고 내적으로 성장할 기회라는 사실을 은유적으로 알려 주는 감동적인 우화가 있다.

유대교의 랍비 크라우스의 《Why Me?》라는 책에 소개된 내용이다.

어느 날 두 나무꾼이 뿌리를 내린 지 백 년이 넘은 나무를 자르고 있었다. 나무를 자르자 나이테가 보였다. 젊은 나무꾼은 다섯 개의 나이테가 거의 붙어 있는 것을 발견하고는 "5년 동안 가뭄이 들었던 모양입니다"라고 쉽게 결론을 내렸다. 나이테가 붙어 있는 이유는 나무가 그만큼 자라지 않았기 때문이라는 사실을 알고 있었기 때문이다. 그렇지만 나이 많은 현명한 나무꾼은 젊은 나무꾼의 말에 동의하면서도 그와는 다른 관점 하나를 말하였다.

"가물었던 해는 실제로 그 나무의 생명에 가장 중요한 시기였

네. 가뭄 때문에 그 나무는 땅속으로 뿌리를 더 깊이 내려야만 했 겠지. 그래야 필요한 수분과 영양소를 얻을 수 있었을 테니까. 그 리고 가뭄이 사라지자 나무는 튼튼해진 뿌리 덕분에 더 크고 더 빠 르게 성장할 수 있었을 것이네."

상처와 아픔을 이겨 내면 그것이 곧 선물이요 축복이 된다.

휘몰아치는 폭풍우와 거센 파도가 유능한 선장을 만들듯이 우 리에게 닥쳐온 시련과 고통은 우리 삶을 보다 견고하게 해준다. 주 위를 둘러봐도 성공한 이들이 겪은 아픔과 좌절은 이루 말할 수 없 다. 험난한 실패와 좌절의 경험들이 지나고 나서 진정한 성공의 열 매를 맛본 것이다.

슬픔과 기쁨의 구분은 작은 생각의 차이일 뿐이다. 인간은 나약 한 존재다. 어떻게 보면 평생을 결핍의 고통 속에서 살게 되어 있 는지도 모른다. 우리를 힘들게 하는 대표적인 결핍에는 가난과 질 병, 장애 등이 있다. 중요한 건 위대한 발자취를 남긴 사람들은 하 나같이 결핍과 고난을 기회로 여겼다는 점이다. 결핍을 긍정하고, 한발 더 나아가 오히려 즐긴 것이다.

헨델, 톨스토이, 도스토옙스키 모두 결핍을 딛고 일어선 사람들 이다. 당신은 혹시 자신의 결핍과 핸디캡, 장애 요인 때문에 절망 에 빠져 있지는 않은가? 그렇다면 힘들 것이다. 그러나 고난이 위 대한 인물을 만든다는 사실을 명심해야 한다.

김종웅 저자 《행복은 물 한잔》의 '아버지의 용서노트' 글을 보자.

나의 아버지께서는 살아생전 매일 노트에 무엇인가를 열심히 적으셨다. 하루도 빼놓지 않고 기록하는 아버지의 모습을 보며 대체 무엇을 그리 열심히 쓰시냐고 물어보아도 아버지는 대답하지 않으셨다. 나와 형제들은 가끔씩 우리 아버지가 소설가로 데뷔하시려나 보다고 우스갯소리를 하기도 했다. 그래도 아버지는 아무런 대꾸 없이 묵묵히 노트만 채우고 계셨다.

다른 때는 늘 호탕하시고 무엇이든 마음에 담아 두는 일 없이 시원시원한 성격이셨으므로 그런 아버지께서 비밀을 갖고 계실 것이라는 것은 생각할 수 없는 일이었지만 적어도 아버지는 그 노트에 대해서만큼은 철저하게 비밀을 지키셨다. 우리도 역시 차츰 아버지의 노트에 대해 잊어버리게 되었다.

그리고 몇 년의 세월이 흐른 뒤 아버지가 돌아가시고 난 다음에 나는 아버지의 유품을 정리하다가 손때가 타서 너덜너덜해진 노트를 한 권 발견하게 되었다. 처음에는 그것이 무엇인지 알지 못했으나 이내 그것이 그토록 비밀스럽게 간직했던 아버지의 노트라는 것을 깨닫게 되었다. 대체 무슨 내용을 적어 놓았을까 궁금해진 나는 그제야 그 노트를 펴 볼 수 있었다. 그런데 이 노트에는 가족들의 이름과 친구들의 이름, 그리고 낯선 사람들의 이름만이 적혀 있을 뿐 별다른 특징을 찾을 수가 없었다.

아버지께서 평소 너무나 비밀스럽고 소중하게 그 노트를 간직해 오시던 것에 비하면 노트에 적힌 내용은 아니, 내용이랄 것도 없는 그 이름들은 너무 사소한 것이어서 나는 다소 실망하지 않을 수 없었다. 그러나 이런 내 모습을 본 어머니는 나에게 다가와 노트를 건네받으시고는 한 장씩 넘기면서 추억에 잠기시는 듯했다.

"어머니는 이 노트에 적힌 사람들의 이름에 대해 알고 계세요?"

"그래, 이건 너희 아버지의 기도 노트란다. 매일 밤 한 사람씩 이름을 적으며 조용히 감사의 기도를 올리곤 하셨지."

궁금해진 나는 어머니께 다시 여쭈어 보았다.

"그럼 이 낯선 분들은 누구신가요?"

"이 분들은 아버지에게 상처를 주신 분들이란다. 아버지는 매일 그들을 용서하는 기도를 올리며 그들을 진정으로 용서해 달라고 간구하셨단다."

이처럼 우리는 살면서 자신에게 상처를 주는 사람들을 수없이 만나게 된다. 상처를 전혀 받지 않을 수 없다. 나의 단점을 말할 수도 있고, 나의 아픈 과거를 들먹거릴 수 있고, 가시 같은 말로 상처를 줄 수도 있다. 그럴 때마다 상처를 가슴에 안고 사는 것은 자신에게 해로울 뿐 전혀 도움이 되지 않는다.

상처를 받을 때마다 기도를 한다든지 스트레스를 바로바로 풀면서 마음속에 담아 두지 않도록 하는 것이 중요하다. 치유되지 않고 마음속 깊이 박혀 있는 상처는 언제 다시 튀어나올지 모르는 스프링과 같다. 진정한 용서를 할 때 비로소 자신도 그 상처를 간직하지 않게 된다. 용서는 상대를 위해서가 아닌 나 자신을 위해 좋다.

어느 날 미국의 대표적인 경제지 〈월 스트리트저널〉에 이런 광고가 실렸다.

"그대가 낙심했거든 이런 사람을 생각해 보십시오. 학력은 초등학교 중퇴. 시골에서 구멍가게를 열었지만 그나마 파산. 그리고 남으로부터 빌린 돈을 갚는 데 15년이 걸렸다. 결혼을 했지만 악처를 만나 가정생활은 불행했고, 상원 의원에 입후보였지만 두 번이나 낙선, 하원 의원에도 두 번씩이나 떨어졌다. 역사에 남는 연설을 했지만 그 당시 청중들에게 외면 당했다. 신문으로부터는 연일 비난을 받았고, 나라의 절반은 그를 벌레처럼 싫어했다.

상상해 보십시오. 이런 상황에서도 전 세계의 얼마나 많은 사람들이 이 사람한테서 용기를 얻을 수 있었던가를……."

그 사람이 죽은 지 100년 이상이 지났는데도 그의 존재는 더욱 새롭게 조명되고 그의 말과 행동, 그의 삶이 빛나고 있다. 이 사람은 바로 미국의 16대 대통령 '링컨'이다.

낙심하고 포기하면 아무것도 이룰 수 없다. 그러나 자신이 처한 상황을 받아들이고 인정하면 다시 용기를 낼 수 있는 힘이 생긴다. 그 에너지가 다시 성공으로 이끄는 원동력이 되기 때문이다. 살면서 위기에 처했다고 바로 주저앉을 것인가. 아니면 용기를 내어 성공의 길로 접어들 것인가, 선택은 다름 아닌 자신에게 달려 있는 것이다.

　인생길에서 크든 작든 고난이 없을 수는 없는 일이다. 고난 앞에
무너질 것인가, 고난을 딛고 일어설 것인가는 전적으로 우리 자신
의 선택에 달려 있다. 그러나 반드시 알아야 할 사실은 고난의 터
널 끝에는 우리가 그토록 바라던 무지개가 빛을 발하고 있다는 것
이다. 어둡고 긴 터널을 지나면서 많은 장애물로 인해 상실감과 슬
픔을 느낄 수 있다. 하지만 진정 그 슬픔을 통해서 성장 할수 있다
는 것을 명심해야 한다.

슬퍼하라
마음껏 슬퍼해도 괜찮다

어릴 적 즐겨 보던 만화 영화 중에 〈들장미 소녀 캔디〉가 있다. 만화 주제곡은 이렇게 시작한다.

"외로워도 슬퍼도 나는 안 울어. 참고 참고 또 참지 울긴 왜 울어."

어렸을 때 가사 의미는 생각하지 않고 자주 불렀던 기억이 난다. 힘들 때, 슬플 때 우는 것은 카타르시스를 경험하게 되면서 마음 한 구석에 맺혔던 한을 풀어 주는 심리적 효과가 있다.

그러나 많은 현대인들이 '캔디 증후군'을 앓고 있다. 외롭거나 슬퍼도 울지 않으려는 심리를 '캔디 증후군'이라고 한다. 이 증상은 겉으로는 좋게 보이지만 실상은 그렇지 않다. 마음뿐 아니라 몸까지도 아프게 하기 때문이다. 외로움과 슬픔, 아픈 기억은 적절하게 표출돼야 오히려 건강에 도움이 된다.

나는 어릴 적 울보였다. 이모들이 예쁘다고 안아 준다고 할 때도 엄마 품에서 떨어지지 않으려고 했다. 지금도 가끔 이모들을 만나면 '울보'라고 놀리곤 한다.

아무것도 모르는 어린 나이에도 내 안에는 불만이 크게 자리 잡고 있었다는 생각이 든다. 감성이 풍부한 나는 슬픈 영화를 봐도 얼마나 많은 눈물을 흘리는지 모른다. 영화를 보다가도 눈물 콧물 쏟아 내는 나를 아내도 놀린다. 우리는 어릴 적에 남자는 함부로 우는 게 아니라고 듣고 자랐다. 하지만 이제는 바뀌어야 한다. 슬프면 울고 힘들면 울어야 한다.

지인 중에 한 분이 둘째가 안 생겨서 10년 가까이 아이를 만들려고 노력을 많이 했다. 시험관 아이 시술도 여러 번 했다. 그러다가 정말 운 좋게 둘째가 생겼다. 부부 모두 기다렸겠지만, 남자는 그만 울음을 터뜨리고 말았다. 기쁨의 눈물이다. 기쁠 때나 슬플 때나 남자도 울어야 한다. 그래야 아픔을 이길 수 있는 힘이 생긴다.

눈물은 내가 가진 상처를 이해했을 때 흐르는 치유의 여로이다. 흔히 우리는 분노로 화가 나 있는 사람에게 참으라고 다독인다. 하지만 분노는 무서운 중금속과 같다. 체내에 들어오면 쌓여 병을 일으키기도 한다. 분노는 우리 몸에 들어와 심장 박동을 빠르게 만들고 온몸의 근육을 긴장하게 한다. 분노는 참는 것이 아니라 풀어야 하는 것이다. 분노를 참고 견디다 보면 몸에도 악영향을 준다. 어릴 적 분노 조절을 못 하거나 분노를 억눌렀다면 억압된 감정은 다른 형태로 나타나게 된다. 억압된 감정은 평상시 이성을 사용할 때는 나타나지 않는다. 하지만 과거와 비슷한 상황이 발생하면 무의식 속에 있던 억압된 감정이 살아난다. 주인이 개를 매일 습관적으로 때리다 보면 근처에 다른 사람이 다가와도 피하게 된다. 긍정적으로 생각하자는 강박 관념이 슬프고 아픈 상황에서도 웃으려 하는 사람이 있다. 자신의 마음을 억압하고 있는 것이다. 자신의 감정을 억압하는 데 익숙해지면 이성이 본능을 지배하게 된다. 그리고 억압된 본능은 없어지는 것이 아니라 다른 상징으로 표현된다.

아이들 같은 경우는 틱장애로 나타나기도 한다. 한때 우리 큰애도 고개를 자꾸 뒤로 젖히는 틱 증상을 보였다. 의심이 가서 병원에서 검사를 해보니 '틱'이 맞았다. 아이가 잘못했을 때 화를 참지 못하고 아이 목 뒷덜미를 꾹 눌렀는데 그 이후로 자연스럽게 수시로 고개를 젖히는 행동을 보였다. 부모로서 마음이 아팠다. 아이에게 진심으로 사과하고 목 뒷부분을 부드럽게 마사지해 주며 참회를 했던 적이 있다. 다행히 그 이후 아이가 고개를 뒤로 젖히는 행동은 하지 않았다.

눈물이 흐르면 실컷 울어야 한다. 그래야 아픔을 이길 수 있는 힘이 생긴다. 그래야 주위에서 도움을 받을 수도 있다.

"힘들면 도와 달라고 말해요."

일본의 심리 상담사 하세가와 야스조의 말이다. 심리 상담사의 역할 중 한 가지는 울고 싶은 사람을 울게 해주는 것이다. 아파도 아파하지 못하고 울고 싶어도 울지 못하는 사람들을 돕는 것이다. 치유는 셀프self가 아니고, 헬프help다. 도움을 받아 좀 더 빨리 상처를 치유하고 힘든 상황에서 벗어나길 바란다. 행복의 첫 번째 단추는 경쟁, 긍정, 웃음이 아니다. 아프면 일단 아파하는 솔직한 자세이다.

상담은 고민을 해결하는 작업이 아니다. 자신을 확인하는 작업이다. 그 와중에 눈물을 흘리게 된다. 자신의 이야기를 하고 자신의 마음을 말하면서 자신을 확인한다. 털어놓는 이야기들이 힘든 일이어도, 즐거운 일이어도, 말을 하는 사람의 존재감을 뚜렷하게 만든다. 상담이란 분명 '듣는' 작업이다. 귀를 기울여 상대의 고충을 밑에서 끌어올리는 작업이다. 이제는 눈물의 의미를 배워야 한다.

과거는 지나간 일이다. 이제 와서 과거를 바꿀 수는 없다. 하지만 과거에 대한 생각을 바꿀 수는 있다. 아주 오래 전에 누군가가 나에게 상처를 주었다고 해서 지금 이 순간 자기 자신을 괴롭히는 것은 얼마나 어이없는 일인가. 과거의 숨기고 싶은 슬픈 기억은 놓아 버리고 자기 자신을 포함한 모든 이들을 용서해야 한다.

용서하는 법을 모를 수도 있고, 용서하기 싫을 수도 있다. 그러나 우리가 말하고 용서하는 순간 치유가 시작되는 것이다. 과거를 놓아 버리고 모든 이들을 용서하는 행위는 우리 자신의 치유를 위해서 꼭 필요하다. 놓아주고 용서할 때 비로소 자신이 만든 속박에서 벗어나 자유로워질 수 있다. 현재 누군가를 울렸다면 미래에는 당신을 울릴 과거가 된다. 현재 누군가를 미소 짓게 했다면 미래에는 회상하며 미소 지을 수 있는 과거가 된다. 현재 누군가와 함께 웃고 있다면 미래 그 순간에도 당신은 웃고 있을 것이다.

라픽 샤미의 《1001개의 거짓말》이라는 책에 이런 문구가 있다.

할머니는 언제나 가지를 소금에 절여 물기를 짜낸 다음 요리를 시작했다.

"왜 가지에 소금을 뿌리는 거예요?"

"그래야 가지가 울거든, 사람처럼 가지도 울어야 쓴맛이 없어진 단다."

요리에 앞서 가지에 짠 소금을 뿌리는 것처럼 사람도 마찬가지로 소금처럼 짜고 아픈 상처가 배이면 충분히 슬퍼하고 울어야 한다. 상처를 마주하고 마음껏 울었을 때 비로소 내 안의 상처가 아물기 시작하는 것이다. 이제는 슬프면 참지 말고 마음속 깊은 응어리를 털어 내듯이 시원하게 울어야 한다. 자신을 위해서 말이다.

시련은
또 다른 나를 만나는 시간

누구에게나 어린 시절의 상처가 있다. 어린 시절에 주요한 동기들이 좌절되면 부정적인 감정이 커진다. 상당수의 심리학자는 유년기에 형성된 심리 혹은 인격이 평생 지속된다고 믿는다. 상처가 깊은 사람일수록 성장하면서 유년기에 형성된 심리나 인격이 변화되기가 어렵다. 한번 탄성을 잃은 고무줄이 원래대로 회복되기 힘든 것과 같다.

힘든 시기를 지날 때는 마냥 그 힘든 시간이 계속 이어질 것만 같다. 그래서 주위에서 극단적인 결정을 해 버리는 사람들도 쉽게 볼 수 있다. 살아가면서 누구나 한 번쯤은 자살 충동을 느껴 보았을 것이다. 더 이상 희망이 없다고 생각될 때, 앞으로의 삶이 차라리 죽음보다 못하다고 판단될 때 깊은 잠에 빠져들고 싶다는 유혹을 느낀다.

자살을 시도했다가 살아난 사람들의 증언에 의하면 죽기 직전에 잠깐 주춤하는 순간이 있다고 한다. 금문교에서 뛰어내린 사람들 중에서 약 3퍼센트 정도가 자살에 실패하고 목숨을 건진다고 한다. 그들은 '뛰어내리는 순간 바로 후회했다'는 말을 한다고 한다. 자살에 실패한 두 사람의 말이 2003년 〈뉴요커〉에 소개되었다.

"뛰어내린 순간 나는 인생에서 해결할 수 없는 일은 하나도 없다는 사실을 깨달았습니다. 방금 다리에서 뛰어내린 일 빼고서는요."

"뛰어내리고 처음 떠오른 생각은 '방금 무슨 짓을 한 거지?'였습니다. 나는 죽고 싶지 않았습니다."

우리가 흔히 하는 말이 있다. '죽을 용기가 있으면 세상에 무엇인들 못하겠나?'

그렇다 희망을 놓지 않으면 우리에게는 기회가 있다.

인생에서 가장 괴롭고 힘든 시기에 자신에 대해서 많은 생각을 하게 된다. 그러면서 성숙하게 된다. 우리가 살아가는 인생에는 보이지 않는 암초들이 곳곳에 숨어 있다. 평화롭게 잘 지내다가도 뜻하지 않은 난관에 부딪혀 고통을 받기도 한다. 그러나 신은 사람이 감당할 수 있는 만큼의 시련만 준다고 했다. 세상에는 우리가 해결하지 못할 시련은 없다.

주위를 둘러보면 다양한 고충과 고민으로 괴로워하는 이들이 많다. 경제적 곤궁으로 인한 비관, 애인의 변심이나 결혼의 실패로 인한 원한, 연이은 실패로 인한 좌절감과 같은 부정적인 감정은 한 꺼번에 종량제 봉투에 담아 쓰레기통에 버려야 한다. 다른 잡다한 고민과 걱정도 모두 흐르는 강물에 던져 버리는 것이 좋다.

고민과 걱정만큼 사람의 마음을 어지럽히고, 늙게 하고, 추하게 하는 것은 없다. 위기는 피한다고 해서 피해지는 것이 아니다. 지금 당장은 위기를 모면할 수 있을지 몰라도 다시 눈앞에 나타날 것이다. 그땐 지금보다 더 심각한 모습을 하고 있을 것이다. 위기는 그냥 두면 시간이 지날수록 눈덩이처럼 불어난다. .

똑같은 시련을 만나더라도 어떻게 극복하느냐에 따라 결과는 크게 달라진다. 시련이 단순히 고통스러운 것은 아니다. 오히려 시련을 극복했을 때 더 큰 성과가 기다리고 있기 마련이다.

미국과 캐나다 국경 사이에는 나이아가라 폭포가 있다. 이 폭포는 높이 48미터, 너비 900미터에 이르는 말 그대로 거대한 폭포이다. 사람들은 이 거대한 폭포 위에 구름다리를 놓으면 좋겠다고 생각했다. 하지만 너무도 위험하고 어려운 일이어서 좀처럼 엄두를 낼 수 없었다. 많은 사람들이 다리를 놓기 위해 시도해 보았지만 모두들 손을 들고 말았다. 그러던 중 어떤 사람이 다리를 놓는 일에 도전하기 시작했다.

그는 앞서 했던 사람들과는 다른 방법을 택했다. 우선 연을 날려 이쪽에서 저쪽으로 연줄을 연결했다. 그런 다음 연줄에 코일을 매달아 잡아당겼다. 그 다음에는 코일에 철사를 매달아 잡아당겼다. 철사가 설치되자 이번에는 밧줄을 매달아 당겼고, 마지막으로 밧줄에 쇠줄을 매달아 당겼다. 이렇게 해서 만들어진 쇠줄을 타고 그는 구름다리를 놓기 시작했다. 그는 많은 사람들이 실패했음에도 불구하고 마침내 사람들이 꿈꾸었던 일을 이루어 냈다. 그렇게 해서 나이아가라 폭포 위에 구름다리가 놓이게 되었다.

사람은 자신의 능력 중에서 10퍼센트도 쓰지 못한 채 생을 마감한다고 한다. 근원적인 이유는 바로 두려움 때문이다. 다시 말하면 어떤 일을 하기에 앞서 성공보다는 실패에 대한 두려움부터 느낀다는 말이다. 두려움은 마음을 좀먹는 암적인 존재이다. 이 두려움은 많은 사람들을 부정적인 감정에서 헤어나지 못하게 하는 늪이기도 하다. 자신의 능력을 제대로 발휘하기 위해서는 두려움을 극복해야 한다. 지금 하고 있는 일에 시련이 닥쳤다면 생각해 보라. 그 시련은 실패에 대한 두려움에서 오는 고통이 아닌지……

고통을 이겨 내야 좀 더 성숙한 인생을 살아가게 된다. 시련과 실패가 없는 삶은 없다. 살면서 무수히 겪는 고통의 시간들을 피하지 말고 마주하는 것이 바람직하다. 다른 사람의 시련이 나에게는 시련이 아닐 수도 있다. 자신이 가지고 있는 행복도 모르고 지낼 때가 많다. 주위를 둘러보면 자신보다 더 많이 힘들고 고생하는 사람도 많다. 모든 사람들이 자신이 현재 겪고 있는 고통과 괴로움의 크기가 가장 크다고 생각한다. 하지만 남들과 비교하면 꼭 그렇지는 않다. 작은 것에 감사하며 긍정적인 마인드를 키워야 하는 이유다.

김중근 저자의 《궁하면 변하고 변하면 통한다》에 이런 이야기가 나온다.

왼쪽 눈으로밖에 볼 수 없는 한 여인이 있었다. 그나마도 심한 상처 때문에 눈 가장자리의 작은 틈새를 통해 겨우 볼 수 있을 뿐이었다. 책을 볼 때도 큰 활자로 된 책을 눈썹에 닿을 만큼 가까이 가져가야만 했다. 그녀의 마음속에는 늘 아주 실명해 버리지는 않을까 하는 공포감이 자리하고 있었다.

그러던 어느 날 기적이 일어났다. 그녀의 나이 쉰두 살 되던 해였다. 병원에서 수술을 받은 것이다. 수술받기 전보다 40배나 잘 볼 수 있게 되었다. 새롭고도 아름다운 세계가 그녀의 눈앞에 펼쳐졌다. 그녀의 삶은 온통 축복이었다. 설거지하던 접시 위 거품을 손으로 떠서 햇빛에 비추면 하나하나의 거품 속에서 작은 무지개의 찬란한 색채를 볼 수 있었다. 부엌 창문을 통해 펄펄 내리는 눈 속을 날아가는 참새를 볼 수도 있었다.

이 이야기는 50년이 넘는 긴 세월을 거의 장님으로 지내야 했던 보르힐드 다알이라는 여성이 쓴 《나는 보기를 원한다》에 나온 이야기다. 그녀는 자신의 책 마지막 페이지를 다음과 같은 구절로 끝맺었다.

"사랑하는 하나님, 하늘에 계신 우리 아버지시여, 나는 당신께 감사합니다. 나는 당신께 감사합니다."

누구나 원하는 것을 쉽게 보는 것에 감사함을 못 느낀다. 두 눈이 건강한 사람에게는 아무것도 아닌 일이기 때문이다. 새로운 시선으로 주위를 둘러보면 감사할 것 천지다. 사랑하는 가족을 볼 수 있고, 아침저녁으로 해가 뜨고 지는 멋진 자연의 경관도 볼 수 있다. 이제 더 이상 부족한 것에 주목하기보다 이미 가진 것에 대해 감사하자. 감사할 줄 아는 것이 삶의 지혜다. 감사한 마음을 가지고 살면 시련이 오더라도 덜 괴롭고 고통스럽다. 이처럼 감사함의 힘은 대단하다.

시련과 고통이 나를 성장시켜 준다고 생각하면 한결 마음이 편안해진다. 이 시기를 극복하면 더 나은 미래가 기다리고 있다. 긍정적인 상상을 하고 긍정적인 말을 하다 보면 좀 더 쉽게 고통의 시기를 지나갈 수 있다. 그만 괴로워하고 그만 아파하자. 그 자리에서 툴툴 털어 버리고 다시 시작하면 된다.

머물지 마라,
그 아픈 상처에

누군가의 행동 때문에 분노하게 되는 이유는 그것이 아픈 곳을 건드렸기 때문이다. 우리가 아프다고 생각하는 곳이 상처를 입은 부위다. 행동의 주체가 달라져도 아픈 곳은 달라지지 않는다. 그러므로 아픈 곳이 어디인지 제대로 아는 것은 묵은 상처를 발견해 내는 일이다.

우리가 번번이 자신을 아프게 하는 오래된 절망을 극복하려면 자신의 아픈 상처와 마주해야 한다. 누구에게나 오래된 상처 하나쯤 있기 마련이다. 목에 걸린 가시처럼 삼켜지지도 뱉어지지도 않는 아픈 상처가 마음속에 붙박이가구처럼 자리를 잡고 있다. 상처로부터 자유로워지기 위해서는 이 가시를 뽑아야 한다. 우리의 자존감을 떨어뜨리고 위축되게 만드는 원인을 찾아 치유할 때 비로소 새로운 행복한 삶의 가능성이 열리기 때문이다. 그렇지만 말처럼 쉽지는 않다. 한번 겪은 상처라도 우리는 평생을 반복해서 곱씹기 때문이다.

많이 알려진 두 수도승의 이야기가 있다.

두 명의 수도승이 길을 가다가 시냇물을 건너지 못해 쩔쩔매는 여자를 보았다. 한 수도승이 여자를 번쩍 안아서 강을 건넜다. 여자를 내려 준 후 두 수도승은 다시 가던 길을 걸었다. 마침내 다른 수도승이 버럭 소리를 질렀다.

"자네는 여자를 가까이하지 말아야 한다는 걸 모르나? 계율을 어겼어!"

비난을 받은 수도승은 그를 바라보면서 조용히 말했다.

"자네 말이 맞네. 하지만 나는 이미 한 시간 전에 그 여자를 내려 놓았네. 자네는 아직도 그 여자를 마음에 담아 두고 있는가?"

우리는 인생을 살면서 인간관계에서 아파하기도 하고 고통스러워한다. 아픈 기억을 잊지 못하고 마음에 두고두고 담아 두면 자신만 더욱 힘들 뿐이다. 하지만 많은 사람들이 그 괴로운 기억에서 쉽게 빠져 나오지 못한다. 평생을 아파하며 괴로워한다.

한 심리학자가 사람들의 걱정거리들을 조사해 보니 이런 결과가 나왔다. 걱정거리의 40퍼센트는 일어나지 않은 일들에 대한 것이다. 걱정거리의 30퍼센트는 이미 일어난 일들에 대한 것이다. 걱정거리의 22퍼센트는 지극히 사소한 일들에 대한 것이다. 걱정거리의 4퍼센트는 걱정한다고 바뀔 수 없는 일들에 대한 것이다. 걱정거리의 나머지 4퍼센트만 실제로 내가 변화시킬 수 있는 일들에 대한 것이다. 하지만 이 나머지 4퍼센트도 걱정할 필요는 없다. 왜냐하면 걱정하지 않고 그냥 두면 되는 일들이기 때문이다.

이처럼 일어나지 않은 일들을 미리 걱정해서 힘들어할 필요는 없다. 반대로 아픈 기억에 사로잡혀 괴로워할 필요도 없다. 행복할 수 있는 방법 중 하나는 과거로부터 자유로워지는 것이다. 이미 지나가 버렸고 다시는 되돌아갈 수 없는 과거에 얽매이지 않는 것이다. 과거에 얽매이는 것은 오늘을 포함하여 남은 인생을 허비하는 것과 같다.

과거에서 교훈을 얻을 수는 있겠지만 과거 속에 살 수는 없지 않은가. 지난날의 잘못을 한시라도 빨리 잊어버리는 게 정신 건강에도 좋다. 이미 엎질러진 물을 후회해도 소용이 없는 것처럼, 과거는 과거로 묻어 버려야 한다. 지나간 일을 가지고 계속 곱씹어 보아야 마음만 더욱 괴롭다.

로마의 베드로 대성전에서 서임식을 한 지 3개월밖에 안 된 마흔 일곱의 젊은 추기경이 경기도 양평에 있는 청소년 수련원을 찾았다. 당시 학생들은 텐트를 치고 수련회에 참가하고 있었다. 하지만 수련회 기간 내내 장대비가 내려 학생들의 고생이 말이 아니었다. 그때 마침 간이 막사에서 쏟아지는 빗줄기를 바라보며 생각에 잠겨 있던 추기경에게 여고 1학년 학생이 다가가 노트 위에 사인을 부탁했다. 추기경은 빙그레 웃으며 이렇게 적었다.

"장마에도 끝이 있듯이 고생길에도 끝이 있단다."

김수환 추기경의 일화다.

스페인어로 '코아티', 영어로 '코코티'라고 불리는 작은 육식 동물은 미국의 남부에서부터 남아메리카 전역에 걸쳐 삼림 지역에 분포하는 너구리곰과의 일종이다. 코아티는 암컷들과 새끼들이 5마리부터 40마리까지 무리 지어 생활하며 여행을 즐기는 활동적인 습성을 가지고 있다. 그런데 언제가 사람들이 코아티를 잡아 동물원에 수용했을 때, 코아티는 향수병에 시달리다가 결국 자기 살을 야금야금 파먹기 시작했다.

이를 질병의학에서는 '자식증'이라고 하는데, 자해를 해서 분노를 표현하는 것이다. 이처럼 괴로운 기억에 사로잡혀 혼자 힘들어하는 것은 코아티 뿐만 아니라 사람도 마찬가지다.

대부분의 사람들은 행복, 기쁨, 만족과 같은 긍정적인 감정만 느끼려고 한다. 어째서 화, 분노, 좌절과 같은 부정적인 감정이 있어서 나를 이렇게 힘들게 하나 싶은 생각이 든다. 할 수만 있다면 마음속에서 부정적인 감정들을 모조리 제거하고 싶다. 사실 심리 상담을 하는 나조차도 기분 나쁜 일이 생기면 부정적인 감정이 꼬리에 꼬리를 물어 머리가 복잡해지기도 한다.

내담자들에게 종종 이런 질문을 받는다. "원장님은 걱정거리 없으시죠?" 몰라서 하는 말이다. 상담을 하는 입장도 마찬가지다. 화나고 속상하고 괴로운 것은 똑같다. 다만 부정적인 감정에 오래 머물지 않고 빨리 빠져나와 긍정적인 생각으로 바꾸는 것을 좀 더 잘할 뿐이다. 생각이 과거 어느 시점에 머물고 있다면 자신이 아직 마음의 문을 열지 않은 것이다. 분노와 원한이 타인을 향하든 자신을 향하든 상관없이 결과는 똑같다.

그것들은 더 깊은 상처와 수치심의 고통에서 우리를 보호하는데, 이 감정들을 회피하는 한 우리는 자신과 타인에 대한 사랑과도 차단된 채 갑옷 안에 갇혀 있게 된다.

과거의 아픈 기억에서 자유로워지기 위해서는 용서가 핵심이다. 자기 자신이나 다른 누구에게 화가 났든 상관없이, 원망을 내려놓고 마음을 열어 용서하면 좀 더 마음이 홀가분해진다. 마음 공부의 스승들은 '걱정 없는 인생을 바라지 말고 걱정에 물들지 않는 연습을 하라'고 가르친다. 그렇다. 걱정을 한다고 세상이 달라지지 않는다. 과거의 아픈 기억을 회상한다고 아픈 기억이 사라지지 않는다. 때로는 아무 걱정 없어 따분한 인생보다 적당한 걱정으로 스스로를 긴장시키는 삶이 필요할 때도 있다.

핸리 밴 다이크라는 시인은 이렇게 노래하고 있다.

"세상에 언제나 웃음소리만 들린다면 우리 마음은 끝없이 이어지는 노래 사이사이로 달콤한 침묵이 흐르기를 갈망한다."

삶이 언제나 즐겁기만 한다면 우리 영혼은 때로 적당한 슬픔을 찾아 나설지도 모른다. 과거의 아픈 기억에서 벗어나기 위해 우리가 해야 할 일은 과거를 되씹으며 붙잡아 놓는 게 아니다. 과거의 상처로부터 벗어나기 위해 해야 할 일은 그것을 떠올려 스스로 그 기억을 돌려주는 것이다.

오로지 지금 이 순간에 존재하면 된다. 지금 이 순간에 존재한다는 의미는 과거도, 미래도 아닌 오직 지금 이 순간에 집중하는 것이다. 일상의 많은 시간들이 과거나 미래에 가 있다. 몸만 현재에 있을 뿐이다. 과거의 나쁜 기억을 집착하여 놓지 못하고 미래의 다가오지 않을 일들을 미리 걱정하며 근심에 잠긴다. 아이러니한 것은 아픈 과거의 기억으로부터 벗어나기 위해서 오히려 과거에 주의를 기울이고 있다는 사실이다. 이것은 마치 현재의 계절을 느끼지 못하고 지나간 계절을 회상하는 것과 같다. 봄의 화창하게 핀 꽃을 보지 않고 춥고 얼어붙은 겨울의 설경을 생각하고 있는 것과 마찬가지다. 이제 더 이상 아픈 과거에 머물지 말고 현재에 집중하여 감사함을 느끼며 살도록 하자.

시련은 있어도
실패는 없다

누구에게나 시련은 두려운 것이다. 잘 나가다가도 어느 순간 예기치 못한 시련과 부딪히게 되면 '이젠 정말 끝장이야!', '나는 이제 다시 일어설 수 없어!' 하면서 포기하게 된다. 하지만 시련은 시련일 뿐 결코 절망도 끝도 아니다. 인생을 살면서 장애와 시련을 대하는 자세가 가장 중요하다. 예기 못 했던 시련이 닥치면 이겨낼 수 없다고 좌절해 버리지 말고 극복하려고 노력을 해야 한다. 시련을 극복한 다음의 느껴지는 감정은 달콤한 오아시스와 같다.

정주영 회장의 저서 《시련은 있어도 실패는 없다》에 이런 말이 있다. 시련 앞에서 주저하게 되거나 넘어졌을 때 곱씹어 보면 좋은 것이다.

"자신이 이루고자 하는 일이 시련과 역경에 부딪혀 그르치게 되면 보통 사람들은 절망하게 된다. 그러나 이것은 시련이지 실패가 아니다. 내가 실패라고 생각하지 않는 한 이것은 실패가 아니다. 나는 생명이 있는 한 실패는 없다고 생각한다. 내가 살아 있고 건강한 한 나한테 시련은 있을지언정 실패는 없다."

이런 끈기와 열정이 있었기에 큰 기업을 설립할 수 있었던 것이다. 시련을 시련으로 봐서는 안 된다. 성장하기 위해서 겪는 일부분일 뿐이다. 큰 기업을 운영하는 기업인들 모두 일반 사람들이 생각하는 것 이상으로 시련과 실패를 겪은 사람들이다.

시련으로 받아들이지 않고 지혜롭게 시련을 이겨낸 동화를 한 번 보자.

짐을 지고 가던 당나귀가 빈 우물에 빠졌다. 당나귀는 농부를 보며 슬프게 울부짖었다. 그러나 농부는 슬프게 울부짖는 당나귀를 구할 도리가 없었다. 한참을 궁리하던 끝에 농부는 생각했다.

'이제 당나귀는 늙었고 우물도 쓸모없으니 그냥 흙으로 덮어 버리자.'

농부는 결국 당나귀를 단념하기로 마음먹었다.

그래서 동네 사람들에게 도움을 청했다. 동네 사람들은 우물을 파묻기 위해 제각기 삽을 가져왔다. 그들은 곧장 흙을 파서 우물을 메우기 시작했다. 사람들이 우물 속으로 흙을 던져 넣자, 당나귀는 더욱 비참하게 울부짖었다. 그러나 조금 지나자 웬일인지 당나귀는 잠잠해졌다. 궁금해진 동네 사람들이 우물을 들여다보았다.

그랬더니 놀라운 광경이 벌어지고 있었다. 당나귀는 위에서 떨어지는 흙더미를 털어 바닥에 떨어뜨리는 것이었다. 그리하여 발

밑에 흙이 쌓이고, 당나귀는 그 흙더미를 타고 점점 높이 올라오고 있었다. 그렇게 해서 당나귀는 자신을 묻으려는 흙을 이용해 무사히 그 우물을 빠져 나올 수 있었다.

살다보면 상대에게 가시 돋친 말들로 인해 아프기도 하고 시련을 겪기도 한다. 이렇게 다가오는 시련을 오히려 발판삼아 더 커지고 강해지는 계기로 삼아야 한다. 성적이 떨어질 때도 있고, 승진해서 밀려났을 때도 있다. 좋아하는 사람에게 실연을 받을 수도 있다. 그럴 때마다 이 당나귀처럼 시련을 밟고 일어설 수 있는 용기와 도전이 필요한 것이다.

누구나 시련의 구덩이에 빠졌을 때 힘든 상황을 받아들이기 괴로운 것은 똑같은 마음이다. 이 괴로움 마음을 계속 가지고 갈 것인지, 내려놓고 갈 것인지는 자신의 결정에 달려 있다. 유명한 음악가 베토벤도 다르지는 않다.

어릴 적부터 세계적인 명성을 누린 불멸의 음악가 베토벤이 있다. 하지만 이에게도 시련이 다가왔다. 27세 무렵부터 귀가 안 들리기 시작했고 마침내 31세 때에는 전혀 듣지를 못했다. 하필이면 나에게 이런 큰 시련을 줬다는 생각에 매일 고통을 느끼며 깊은 절망에 빠졌다. 작곡가에게는 사형 선고나 다름없기 때문이다. '청력 상실'이라는 절망에 빠져 33세 때 베토벤은 죽기를 결심하고 유서까지 썼다. 하지만 절망 속에서 내면의 목소리를 듣고 오로지 한

가지 생각에만 귀를 기울일 수 있다고 기회로 판단을 내렸다. 베토벤의 대작들은 모두 청력을 상실한 이후에 탄생했다.

불후의 명작인 〈합창 교향곡〉은 청력이 100퍼센트 상실된 55세 때 작곡한 것이어서 더욱 천재성을 느끼게 된다.

'청력 상실'로 인생의 구렁텅이로 빠질 수 있는 절망을 기회로 보고 생각을 달리하는 것이 얼마나 중요한지를 보여준다. 과연 우리는 이렇게 청력을 잃고도 다시 일어설 수 있는 용기가 있을까 반성해 본다.

도도새는 인도양이 모리셔스 섬에 서식했던 새이다. 섬에는 포유류가 없었고 아주 다양한 조류들이 울창한 숲에서 서식하고 있었다. 도도새에게는 모리셔스가 바로 지상낙원과도 같았다. 먹이가 풍부하고 천적도 없으니 힘들게 날아오를 필요도 없었다. 이곳에서 도도새는 오랫동안 아무런 방해 없이 살았고, 하늘을 날아야 할 필요가 없어져 그 능력을 잃었다.

1505년 포르투갈 인들이 최초로 섬에 발을 들여놓게 되었다. 그런데 도도새들은 사람이 지나가도 날아갈 줄을 몰랐다고 한다. 그래서 포르투갈 인들이 '바보, 멍청이'라는 의미로 붙여준 이름이 도도였다. 시간이 지나면서 모리셔스 섬은 향료 무역을 위한 중간 경유지가 되었다. 23킬로그램 정도의 무게가 나가는 도도새는 신선한 고기를 원하는 선원들에게 더없이 좋은 사냥감이었다.

이로 인해 많은 수의 도도새가 죽어갔다. 이후 네덜란드 인들이 이 섬을 죄수들의 유형지로 사용하게 됨에 따라 죄수들과 함께 돼지와 원숭이들이 유입되었다. 생쥐, 돼지, 그리고 원숭이들은 바닥에 둥지를 트는 도도새의 알을 쉽게 잡아먹었고 도도새의 알은 위험에 빠지게 되었다. 인간의 남획과 외부에서 유입된 종들로 인해 도도새의 개체 수는 급격히 줄여들었다. 모리셔스 섬에 인간이 발을 들여 놓은 지 100년 만에 한때 많은 수를 자랑하던 도도새는 희귀종이 되어버렸으며 1681년에 마지막 새가 죽임을 당했다.

학자들은 도도새의 멸종 이유를 모리셔스 섬에 천적인 포유류가 없었기 때문이라고 한다. 사방에 먹이가 풍부했을 뿐 아니라 천적이 없었기 때문에 날아오를 생각을 하지 못한 것이 멸종의 결정적인 요인이라는 것이다. 시련이 없다면 사람도 멸종된 도도새의 신세에 지나지 않는다. 크고 작은 시련이 없다면 안주하게 될 것이고 지금보다 더 잘하기 위한 노력을 하지 않을 것이기 때문이다.

6.25사변 때 한 군인이 한쪽 팔에 심한 총성을 입게 되었다. 생명이 위독한 상황이라 다른 병원으로 옮기지 못하고 야전병원에서 수술을 할 수밖에 없었다. 수술대 위에서 피를 흘리고 있는 군인을 본 군의관이 조용히 말했다.

"안됐지만 팔을 잘라야겠어요."

군의관의 말은 주위에 있는 사람들의 마음을 서늘하게 만들었다. 수술은 천만다행으로 잘 진행되어 목숨을 구할 수 있었다. 힘겹게 눈을 뜬 군인에게 군의관은 이렇게 말했다.

"괜찮을 겁니다. 너무 걱정하지 마세요. 수술은 잘 됐습니다. 그런데 당신은 한쪽 팔을 잃었습니다. 목숨을 구하기 위해선 어쩔 수 없었습니다."

군의관의 말을 듣고 있던 군인은 잠시 눈을 감았다가 다시 눈을 뜨고 살포시 미소를 지으면서 이렇게 대답했다.

"저는 팔을 잃은 것이 아니라 내 조국에 팔 하나를 바친 것뿐입니다."

우리는 살면서 생각지도 못한 사고로 신체의 일부를 잃거나 장애를 가질 수 있다. 더 큰 사고가 생기지 않아 다행이라고 생각하는 마음이 더욱 중요하다. 생각의 차이가 인생을 다르게 만든다. 그가 만약 자신의 처지를 비관하고 힘들어했다면 그의 삶은 불행했을 것이다. 그러나 긍정적인 생각으로 그는 불행의 늪에서 빠져나왔다. 그는 진정으로 자신의 일에 신념을 가지고 있었기 때문에 팔 하나쯤 잃은 것은 아무것도 아니었다. 비록 팔을 잃어 불편할 수는 있어도 그의 삶은 결코 불행하지 않을 것이다.

바다 곳곳에는 암초가 숨어 있다. 노련한 경험과 지혜가 없다면 암초에 부딪혀 배는 침몰하고 말 것이다. 인생은 바다와 같다. 우리가 꿈을 향해 나아가는 곳곳에 암초처럼 시련이 숨어 있다. 시련은 결정적인 순간에 우리 발목을 붙잡고 넘어뜨린다. 성공이 값진 이유는 온갖 시련을 이겨냈기 때문이다.

때로 시련은 절망을 안겨주고 헤어 나올 수 없는 슬픔을 가져다 주기도 한다. 대다수의 사람들이 성공을 향해 여정에서 발길을 돌리는 것은 시련을 극복하지 못했기 때문이다. 생각처럼 쉽게 성취할 수 있다고 믿었던 성공 속에 전혀 예상하지 못했던 암초들이 불쑥 고개를 내밀 때마다 자신감을 잃었던 것이다. 열심히 노력했지만 자신이 원하는 결과를 못 얻을 때가 있기 마련이다. 성적이 생각했던 것보다 오르지 않았을 경우고 있고, 열심히 노력했지만 승진에 누락될 때도 있다. 원하는 대학교나 회사에 떨어질 수도 있다.

누구에게나 도전에 있어 동반되는 것은 시련과 실패다. 도전했기 때문에 좋든 싫든 얻어지는 결과물이다. 만족하지 못한 결과를 얻었다할지라도 위축될 필요가 전혀 없다. 다시 도전하면 되는 것이다.

불이 나면 꺼질 일만 남았고,
상처가 나면 아물 일만 남았다

어릴 적 눈물이 많은 나는 눈물은 참아야 한다고 배웠다. 사내아이가 울면 안 된다고 들었다. 넘어져도 흙을 툭툭 털어내고 아무렇지도 않은 듯 벌떡 일어나야 하고, 피곤해도 웃음을 잃지 않아야 한다. 이렇게 배우고 듣고 자라서 그런지 나는 고통과 감정표현에 서툴렀다. 슬프면 울고, 기쁘면 웃어야 하는 것을 못했기 때문이다.

극복하지 못한 두려움이 가슴에 차곡차곡 쌓여서 응어리가 남아 있었다. 누가 살짝 건드리기만 해도 기다렸다는 듯이 터져 버릴 것 같았다. 괜찮다고 말하는 것은 괜찮고 싶다는 발악인 것이다. '다 필요 없어, 저리가!' 외치는 것은 나를 좀 더 봐주고 곁에 있어달라는 표현이다. 하지만 이제는 그런 마음을 잘 알고 있다. 그런 상처가 나를 더욱 성장하게 만들어 준 계기가 되었다는 것을.

우리는 과거에 좋았던 것보다 잘못했던 안 좋은 기억들을 자주 떠올리곤 한다. 평생을 두고 사람들은 감기를 앓는다. 마음의 감기도 나이를 불문하고 걸리는 피하기 어려운 증상이다. 고민을 없애기 위해서는 오늘의 테두리 안에서 살아야 한다. 지난 일 때문에 후회하거나 고민해서는 안 된다. 앞날의 일어나지 않을 걱정을 미리 당겨서 할 필요도 없다. 내일 일을 내일로 미룰 수 있어야 한다. 그래야 시간을 낭비하지 않고 오늘 할 일을 잘 마치고 더 나은 내일을 준비할 수 있다.

우리에게 가장 소중한 시간은 바로 지금 이 순간이다. 과거와 미래는 어떻게 할 수 없지만 현재는 우리가 원하는 대로 할 수 있기 때문이다. 행복한 삶을 살기 위해선 현재 속에서 충실하되 미래를 꿈꾸어야 한다. 지금 이 순간을 어떻게 살아가느냐에 따라 행복한 삶 또는 불행한 삶을 살 수 있다. 몸은 현재에 있지만 지난날의 상처로 인해 항상 과거에 생각이 머무르면 그만큼 더욱 힘들게 된다.

〈크리스마스 캐롤〉이라는 영화에는 구두쇠 영감 스크루지가 등장한다. 그는 죽고 나서 저상사자와 함께 자신의 과거, 현재, 미래의 모습을 돌아본다. 하지만 누구도 스크루지의 죽음을 슬퍼하지 않는다. 처음으로 자신의 삶을 반성하며 참회의 눈물을 흘린다. 하지만 그 순간 스크루지는 깊은 잠에서 깨어나고 자신의 죽음이 꿈이었다는 것을 알게 된다. 그리고 그 다음 날부터 이전과는 전혀 다른 삶을 살아간다.

스크루지는 크리스마스 악몽 이후 하루 만에 전혀 다른 인생을 살아가게 되는 이유는 자신의 삶을 객관적으로 돌아보았기 때문이다. 우리의 삶도 변화와 성장을 원한다면 거울 앞에 서서 자신의 삶을 되돌아 봐야 한다. 과거에 받은 상처 때문에 괴롭고 힘든 점은 없는지 말이다. 상처받은 자신의 모습을 직시하고 인정하는 것부터 시작인 것이다.

만일 당신에게 지금 고민거리가 있다면, 치열하게 고민해야 한다. 그래서 해결책을 찾는다면 즉시 행동으로 옮기면 된다. 그러나 아무리 고민해도 해결책이 떠오르지 않는다면 그것은 걱정거리일 뿐이다. 사람은 대개 자기 자신을 현실적이고 객관적으로 평가하지 못한다. 그러다 보니 열등감에 휩싸인 채 자신에 대한 비정상적이고 왜곡된 이미지를 가지고 불행하게 살아가는 이들이 많다.

어린 시절의 좋지 않은 경험이 원인일 수도 있고, 누군가가 의미 없이 던진 한마디 말 때문일 수도 있다. 그래서 그들은 무력감에 빠지거나, 의심을 품거나, 회의주의자가 된다. 이들에게 무엇보다 중요한 것은 자신감을 회복하는 일이다. 자신감을 회복해야만 열등감에서 벗어나고 자신에 대한 왜곡된 이미지를 바로잡을 수 있다.

상처를 들여다보고 죄스러워하고 고통이라고만 여기면 스스로 그 상처의 늪에 갇히게 된다. 복수가 복수를 낳듯이 과거의 상처에 계속 연연하다보면 상처 안에 살게 된다. 상처의 내용은 다르지만 상처 받았을 때의 반응은 비슷하다. 심장이 빨리 뛰는 것부터 시작해서 다리가 후들거리고 머릿속이 하얗게 된다. 두려움, 분노, 고통, 수치심 같은 감정이 치솟는다. 이러한 정신적인 스트레스를 해소하지 않고 마음 깊은 곳에 보관하게 되면 계속해서 그 상처에 노출되어 훨씬 더 심각한 신체적 문제까지 만들 수 있다. 상처받는 초반에 상처를 치유해야 하는 이유이기도 하다.

가끔 내담자분들이 묻는다. "원장님은 고민이 없으시죠?" 몰라서 하는 말이다. 인간이기 때문에 똑같이 고통 받고 괴로울 때가 있다. 그럴 때마다 스스로 상처받은 말에 치유작업을 할 뿐이다. 그리고 틱낫한 스님의 호흡법을 자주 이용하는 편이다. 방법은 간단하다. 숨을 들이쉴 때 내 몸은 안정을 찾아가고 있다고 생각하면 된다. 숨을 내쉴 때 내 얼굴은 미소를 짓고 있다고 생각한다. 그렇게 숨을 들이쉬고 내쉬는 순간순간에 의식을 집중시키며 나의 내면에 뜨겁고 강한 에너지가 스며드는 것을 느낀다.

고등학생 때 급성맹장염으로 맹장수술을 했다. 점심 먹고 난 후 수업을 하는 도중 갑자기 복통을 느끼면서 허리를 펼 수가 없었다. 허리를 숙인 채 고통스러워 하다가 병원으로 입원했다. 빨리 수술하지 못했다면 큰 일 날 뻔했다. 지금 그 때를 생각해도 두 번 다시 생각하고 싶지 않다. 뱃속을 찌르는 고통은 말로 표현할 수 없을 정도다. 지금도 가끔 샤워하다 배꼽 옆에 맹장수술을 자국을 보면 기억이 나곤 한다.

그렇게 20여 년이 지나고 이번에는 배꼽탈장 수술을 했다. 20년 전의 기억이 다시 떠오르는 것을 느꼈다. 맹장수술처럼 갑작스럽게 통증을 느낀 것은 아니었지만 수술 후 마취가 깨면서 고통이 밀려왔다. 실제 수술한 부위가 크지 않았으나, 배꼽주위를 수술해서 며칠 동안 몸을 움직일 수 없었다. 간신히 아내의 도움을 받으며 화장실도 이용했다.

수술을 하면 그 당시는 누구나 몸과 마음이 지쳐있어 힘든 시간이 계속 이어질 것만 같은 생각이 든다. 하지만 시간이 지나면 상처부위도 아물게 되어 있다. 오히려 시간이 지난 후 이렇게 아픈 시간을 잘 보냈다고 스스로 위안이 될 수도 있다.

수술에만 국한되는 것은 아니다. 살면서 전혀 예측 못했던 시련들은 삶을 힘들게 만든다. 이런 시련들을 반드시 겪고 넘어가야 하는 수술처럼 당당하게 받아들이고 시간이 흐르면 상처가 아물어진 마음을 느낄 수 있다. 세상에서 가장 무서운 병은 고통이 없는 병이라고 한다. 그러므로 만약에 지금 내 삶이 고통스럽다면 그것은 행복의 신호라고 생각하면 된다.

도둑이 무섭다고 창문을 다 벽돌로 막아버린다면 빛도 없게 되고, 실내의 공기도 탁해진다. 우리가 살아있다는 것은 상처받을 수 있다는 것이다. 인생에는 아픔도 있고 상처도 있다. '과거의 나'에 안주하는 삶을 거부하고 '내일의 나'를 향해 상처를 각오하는 용기 또한 필요하다.

오늘 하루 종일 비가 내린다고 해서 내일도 비가 내리라는 법은 없다. 그렇듯이 지금 이 순간이 힘들다고 해서 내일도 힘들 거라고 단정할 수는 없다. 인생의 동전과 같다. 오늘 하루가 뒷면이라면 내일은 앞면이 될 수 있다. 불이 나면 꺼질 일만 남았고, 상처가 나면 아물 일만 남았다. 힘들고 고통스러운 시간도 영원하지 않다는 것이다. 지금 만약에 고통에 처했다면 조금만 버티고 이겨내면 반드시 힘든 과정은 지나간다. 잊지 말자. 이 또한 지나간다는 것을.

상실의 고통도 치유의 과정도
인생이다

어린 시절 어머니께서 자주 하셨던 말씀이 떠오른다.

"일교야, 너는 제발 너희 아버지처럼 살지 마라."

아버지에게 시집와서 힘든 고통의 시간을 보내면서 자식에게는 똑같은 실수가 되풀이되지 않게 당부하는 말씀이었다. 아버지는 술을 좋아하셨고 가정적이지 못했다. 어머니는 그런 시련 속에서도 우리 형제를 잘 키웠다. 어머니에게는 우리 형제가 희망이고 꿈이었을 것이다. 그런 어머니의 인생을 보상하고자하는 마음에 더욱 열심히 앞을 보며 달려왔다. 그것만이 어머니에게 드릴 수 있는 치유였던 것이다.

우리는 어느 시점에서 '이것이 아니었는데'라고 깨달으면서도 그것을 고치려는 적극적인 노력을 하지 않을 때가 많다. 귀찮아서, 때로는 하찮게 생각해서 그냥 지나가 버린다. 물론 우리는 신이 아니다. 우리는 신이 아니기에 종종 실수도 하고 실패도 한다. 하지만 똑같은 실패와 시련을 반복하지 않도록 노력해야 한다.

같은 실패를 반복하는 어리석은 사람이 되어서는 안 된다. 같은 실패를 했더라도 '그래 앞으로는 좀 더 조심해서 잘 해보자'며 스스로 다짐하는 사람이 있는가 하면 반면에 시련을 후회로만 여기는 사람도 있다. 그 순간에만 반짝 후회하고 돌아서면 잊어버린다. 그 결과 같은 실수를 되풀이 하게 된다.

사형수의 사형 집행이 있는 날이었다. 한 사형수가 집행 장소로 가다가 넘어져 신발 한 짝이 벗겨졌다. 수갑 때문에 신발을 집기가 불편했던 그는 경찰에게 도움을 청했다.

"신발 좀 주워주세요."

그러자 한 경찰관이 비웃으며 말했다.

"이제 곧 저 세상이 될 텐데 신발이 필요할까?"

"그렇지 않아요."

사형수는 그에게 진지하게 말했다.

"이 세상에서는 발을 잘못 내디며 잘못된 길로 빠졌지만 다음 세상에서는 그런 실수를 되풀이하고 싶지 않아서요."

이 말에 경찰관은 부끄러운 나머지 얼굴이 상기 되었다.

사는 동안 실패와 시련을 겪지 않는 사람은 없다. 대통령, 대학교수, 박사 등 다양한 분야의 전문가들도 모두 실수한다. 중요한 것은 실수를 하지 않는 데 있는 것이 아니라 실수를 통해 깨달음을 얻는 것이다. 새롭게 시작하는 일에 대해 실패했거나 또 다른 시련을 겪더라도 포기 하지 말라고 강조하고 싶다. 나무를 보지 말고 산을 보라는 말이 있듯이 좀 더 멀리 보고 크게 보는 눈이 필요하다.

인류 역사를 통틀어 최고의 갑부인 세기의 부자 록펠러John Davison Rockefeller의 이야기를 보자.

'난 아직 부족해. 더 많이 갖고 싶어.'

그렇게 그는 자신의 욕망을 채우기 위해 여러 경쟁사들을 무자비로 합병하고 남아도는 인력이 있으면 인정사정없이 잘라 버렸다. 그가 세운 석유회사 스탠더드오일은 하루가 멀게 엄청난 속도로 커졌다. 마침내 미국 전체 석유 생산량의 91퍼센트나 장악할 정도로 커졌다.

그런데 그가 47세가 된 해 어느 날부터 갑자기 소화가 안 되기 시작하더니 온 몸의 털이 빠지기 시작했다. 50대 중반에 온몸의 털이 다 빠지고 수염까지도 보이지 않았다. 병원에서 이 상태로는 1년을 넘기기 어렵다는 말을 듣자 매일을 괴로워하며 지냈다. 그러다가 자신이 지금까지 탐욕 덩어리라는 사실을 깨닫고 완전히 달라지기 시작했다. 끊임없이 모으려는 마음을 버리고 베풀기로 한 것이다. 수많은 교회를 짓고 불우한 사람들을 돕기 위해 재단을 만들었다. 이렇게 남들을 위해 마음을 열고 행동을 하자 점차 몸도 회복이 되기 시작했다. 얼굴에 수염이 다시 자랐고 눈썹도 나기 시작했다. 병원에서는 55세를 넘기기 어렵다고 진단을 받았지만, 100세 생일을 불과 26개월 남겨놓고 편안한 미소를 지으며 세상을 떠났다.

우리는 록펠러의 삶처럼 소중한 것을 잊고 살수도 있다. 무엇이 중요한지 모른 채 무턱대고 앞만 보며 달려갈 수 있다. 그리고 건강뿐만 아니라 소중한 가족도 잃을 수 있다. 열심히 살면서 뒤돌아보고 다른 사람들의 고통을 나눌 수 있어야 한다.

미국의 작가이자 교육자인 헬렌 켈러는 이렇게 말했다.

"인생은 대담무쌍한 모험이 아니면 아무것도 아니다."

모험하지 않는 삶은 의미가 없다는 뜻이다. 시련을 통해 교훈을 얻고 성숙하고 성장하기 때문이다.

독일의 철학자 쿠노 피셔는 "안락은 악마를 만들고 고난은 사람을 만드는 법이다"라고 말했다. 성공을 꿈꾸고 원하는 인생을 열어가고 싶다면 시련을 기꺼운 마음으로 받아들여야 한다. 시련과 실패를 즐기며 살아야 한다.

스타벅스의 신화를 만들어낸 하워드 슐츠. 그는 1981년 스물여덟 살의 젊은 나이에 성공했다. 스웨덴 생활용품회사의 미국지사 부사장에 오른 것이다. 흔한 말로 그는 '개천에서 난 용'이었다.

뉴욕 부루클린의 빈민가에서 태어나 미식축구로 장학금을 받아가면 간신히 졸업했다. 그가 살았던 곳은 빈민촌이었다. 그 지역은 어려운 환경의 노동자들이 모여 살았다. 하지만 빈민촌에서 어렵게 자라면서도 웃음을 잃지 않았다. 그랬던 그가 스타벅스를 전 세계에 1만 6천 개가 넘는 매장을 자랑하는 세계적 기업으로 성장했다. 물론 스타벅스를 오늘에 이르기까지 엄청난 시련과 실패를 경험했다.

사업을 시작하면서 부족한 사업자금과 함께한 공동창업자와 마찰로 인해 좌절을 겪은 것이 한두 번이 아니었다. 사업자금을 마련하기 위해 열심히 뛰어 다녔지만 돌아오는 것은 차가운 거절뿐이었다. 그 시기를 "내 인생에서 가장 고달픈 시기였다"고 회상한 바 있다. 투자자들 모두 약속이나 한 듯이 그를 문전박대하고 심지어 모욕적인 말까지 퍼부었기 때문이다. 그런 굴욕감에 지치고 힘들었지만 실망하지 않았다. 그렇게 좌절하지 않고 버티면 인내해서 지금의 그가 성공한 것이다. 수많은 모색과 탐색, 시행착오와 도전 끝에 발견한 자신만의 삶과 꿈은 그것이 크고, 작고, 화려하고, 소박하고에 상관없이 소중할 수밖에 없다.

애벌레는 고치를 통과해야 나비가 된다. 그러나 그 과정이 그리 순탄하지만은 않다. 모든 것을 수용하고 감내해야 하는 연약하고 힘겨운 애벌레시기를 지나면, 한 올 한 올 실을 뽑아서 만든 고치 속에서 보내야 하는 지루하고 고통스러운 시기가 이어지고, 그런 후에야 비로소 두 날개를 펴고 자유롭게 날아다니는 아름다운 한

마리의 나비가 된다.

인생도 애벌레가 나비가 되어가는 과정과 같다. 인간은 애벌레가 나비가 되어가는 힘들고 고달픈 일생과 흡사한 과정을 수차례나 반복하면서 성장한다. 그러나 안타깝게도 많은 사람은 평생을 애벌레 상태로 남는다. 고독과 외로움에 몸부림치고 발전과 성숙을 위한 치열한 고민을 할 수 있는 고치가 되어보지 못하는 것은 안타까운 일이다.

우리는 사는 동안 무수히 많은 고난과 역경을 만난다. 상실의 고통을 극복하는 과정도 내 인생이다. 이렇게 생각하면 어떤 과정도 쉽게 생각이 안 들 것이다. 이것만은 명심하자. 실패와 성공도 모두 내 인생이란 것을.

아픈 마음의
매듭을 풀다

　매일 열심히 살고 있다가도 가끔씩 문득 알 수 없는 불안감이 느껴져 마음 밑바닥이 보일 때가 있다. 거리를 다니다보면 지나가는 사람들 모두 행복해 보이는데 무언가 잘못된 것 같은 불편한 감정으로 혼란에 빠지기도 한다.

　여기저기서 위로의 이야기가 들린다. TV를 틀어도 라디오를 켜도 신문을 펼쳐도 온통 마음을 토닥여주는 이야기들이다. 그만큼 마음 아픈 사람이 많다는 이야기일 것이다. 살다 보면 더는 물러설 곳 없는 절망감에 내몰릴 때가 있다. 상실감에 삶의 의미를 잃어버리기도 하고, 배신감에 치를 떨며 뜬눈으로 밤을 새우기도 한다.

　자살 이야기가 부쩍 많이 들린다. 세상이 각박해지고 살기가 팍팍해졌기 때문이다. 우리나라는 하루 평균 40여 명이 자살하는, 경제협력기구OECD 회원국 중 자살률 1위다. 더욱이 청소년들의 경우는 네 명 중 한 명꼴로 자살을 생각한다고 한다.

오해는 사소한 것부터 시작된다. 상대에 입장은 생각하지 않고 먼저 자신의 선입견과 편견으로 판단하여 오해를 일으킨다. 평소 자신이 어떤 생각을 하는지에 따라 인간관계에 많은 영향을 미치는 것이다.

은진 씨는 친정어머니를 모시고 산다. 대소변도 못 가리는 연로한 어머니다. 그래서 간병인을 두고 있다. 그런데 어느 날 간병인이 급한 일이 생겼다며 못 온다고 전화가 왔다. 그녀는 당황했지만 회사에 급한 일이 있어 쩔쩔맸다. 이 모습을 본 작은 아들이 말했다.

"엄마 다녀오세요. 할머니는 제가 돌봐드릴게요. 식사나 설거지도 걱정 마세요."

이제 겨우 중학교 1학년밖에 안 된 아이가 그런 말을 하니 기특한 생각이 들었다. 그녀는 회사 일을 마치고 집으로 돌아왔다. 집에 들어왔는데 싱크대에 온갖 그릇들이 산더미처럼 쌓여있는 것을 보자 화가 올라왔다.

"아니, 도대체 이게 뭐야?"

회사에서 좋지 않은 일도 있고 집에 오자마자 그릇들이 그대로 있는 것을 보니까 화가 더욱 치밀어 올라왔다.

"철민아, 이게 웬 난리야? 걱정 말라더니 뭐한 거야?"

"죄송해요, 최선을 다한다고 했는데…."

"뭐, 최선을 다해? 널 믿은 게 내 잘못이지! 빨리 숙제나 해!"

아들은 죄인처럼 방으로 들어갔다.

그날 저녁 누워 있던 어머니가 식사를 차려온 그녀에게 말했다.

"애, 철민이가 오늘 고생 많이 했다. 온종일 내 시중을 들어주느라고. 어린 것이 내 대변까지 받아내고."

"철민이가 대변을 받아냈다고요?"

"그래. 두 번이나 오늘따라 속이 안 좋아."

그녀는 베란다에 가 보았다. 어머니의 속옷과 기저귀가 건조대에 걸려 있었다. 순간 그녀의 낯이 빨갛게 달아올랐다. 사실 자신도 어머니의 대변을 받아내는 게 끔찍했기 때문이다.

그래서 간병인을 두고 있었다. 그런데 어린 아이들이 어떻게 대변을 받아낸다 말인가. 미안한 마음이 든 그녀는 아들의 방을 열어보았다. 학원에 가고 보이지 않았다. 그제야 아들이 처했던 상황을 이해할 수 있을 것 같았다. 한 시간쯤 지나서 아들이 들어왔다.

"철민아, 너 아까 엄마가 화내서 속상했지?"

"이젠 괜찮아요."

"미안하다. 할머니 대변을 받아냈다며? 두 번이나?"

"네, 세탁기에 넣으면 안 될 것 같아서 화장실에서 그냥 빨았어요. 엄마 오시면 냄새 안 나게 하려고 여러 번 빨았어요."

아들을 말을 듣고 그녀는 목이 메었다.

"고마워. 엄마를 용서해줘"라는 말도 나오지 않았다.

그녀는 싱크대에 수북이 쌓인 그릇들만 보고 무작정 화부터 냈다. 아들에게 어떤 사정이 있는지 않고 말이다.

이처럼 우리는 일상생활에서 많은 사소한 일들로 오해하고 상대방을 몰아세운다. 자신의 감정에 사로잡혀 상황을 판단하고 해석해 버리기 때문이다. 사람들 머릿속은 늘 온갖 생각으로 가득하다.

사소한 오해로 죽음을 맞이한 사례도 있다.

1999년 2월 4일, 아프리카 기니에서 미국으로 이민을 온 아마두 디알로Amadou Diallo는 자신의 아파트 앞에서 4명의 백인 경찰이 쏜 41발의 총탄 중 19발을 맞고 그 자리에서 죽었다.

어린 시절 디알로는 사업가인 아버지를 따라 통고, 기니, 태국, 싱가포르에서 살면서 독서와 음악, 스포츠를 즐기며 유년을 보냈다. 프랑스 국제학교, 케임브리지 대학교 등 세계 명문에서 수학한 그는 공부를 더 하기 위해 미국으로 건너와 브롱스 14번가에서 거리 좌판을 하며 언젠가 다니게 될 대학을 꿈꾸며 열심히 살고 있었다.

그날 밤 일을 마치고 돌아온 디알로는 바람을 쐬려고 아파트 밖으로 나왔다가 들어가는 길에 백인 경찰의 "멈춰! 머리에 손 올려!"라는 느닷없는 명령을 받게 된다. 4명의 백인 경찰은 디알로가 자신들이 쫓고 있던 흑인 강간범이라고 단정했다. 디알로는 경찰의 느닷없는 명령에 영문도 모른 채 자신의 재킷 주머니에 손을 가져가는 액션을 취했고, 경찰은 권총을 빼들려는 행동으로 오인하여 무려 41발이나 되는 총탄을 무차별적으로 난사했다. 나중에 밝혀진 사실이지만 그때 디알로가 꺼내려던 것은 지갑이었다.

4명의 백인 경찰은 흑인인 디알로를 본 순간 자신들이 쫓던 강간범과 닮았다고 판단할 정도로 그의 얼굴은 분명히 봤지만, 정작 그가 꺼내려던 것이 권총이 아니었다는 사실은 보지 못했다. 무엇보다도 소중한 목숨을 단순한 오해로 인해 잃은 것이다. 오해와 갈등은 자신이 그동안 살면서 경험한 일들을 신념으로 강하게 자리 잡고 있어서이다.

오래된 신념을 바꾸는 것으로도 한결 더 나은 인생을 살 수 있다. 날마다 우리는 변화할 수 있는 무한한 기회를 가진다. 그러나 우리 가운데 많은 이들이 오래된 신념으로 고통 받고 있음에도 불구하고, 거기에서 벗어날 수 없다고 생각하거나 벗어나려고도 하지 않는 것 같다. 사람들은 익숙한 것을 버리는 것을 두려워한다. 설령 그로 인해서 고통을 받고 있을지라도 말이다. 그렇지 않으면, 다른 길이 있다는 것을 깨닫지도 못한 채 매일 매일을 다람쥐 쳇바퀴 돌 듯 살아가기도 한다. 우리 모두에게는 자신의 낡은 신념을 새로운 생각들로 바꿀 수 있는 기회가 있다. 왜냐하면 새로운 생각도 하나의 선택이기 때문이다.

붓다는 이런 말씀을 하셨다.

"분한 마음을 일으키면 원한을 맺게 된다. 분노심이 일어나면 남의 의견을 경청할 수 없게 되고, 자기주장만을 내세우기 때문에 싸움을 일으킨다. 싸움은 이익도 없고 즐거운 일도 아니다."

자신의 머릿속에서 상영되고 있는 그 사람이 했던, 또는 했을지 모르는, 온갖 나쁜 상상들을 멈춰야 한다. 증오하고 미워하는 대상이 눈앞에 있으면 우리는 그들을 피해 돌아간다. 미움과 증오는 나부터 힘들게 만든다. 누군가로 하여 고통 받은 마음의 매듭은 누가 풀어주는 게 아니다. 스스로 고통 받은 마음의 매듭을 풀어나가야 한다.

힘들고 지칠 때마다
나를 잡아 준 그 한마디

운전하다 라디오에서 오랜만에 가수 송창식의 〈우리는〉이라는 노래를 들었다.

"우리는 빛이 없는 어둠 속에서도 찾을 수 있는, 우리는 아주 작은 몸짓 하나라도 느낄 수 있는 우리는."

너와 내가 아닌 우리라는 말은 참 정겹게 들린다.

결손가정에서 자란 불우한 청소년기를 보내고 있는 한 학생이 있다.

"저는 비행 청소년이었거든요. 방황하고 외로웠죠. 중학교 3학년 때 담임선생님이 무척 잘해 주셨지만 반항만 했죠. 근데 한번은 패싸움을 하고 머리가 터져 들어왔는데, 그 선생님이 붕대를 감아 주시며 말씀하셨어요. '우리 준호 피를 많이 흘렸네, 어떡하지?' '우리 준호'라고 하셨어요. 그 말, 우리라는 말이 제 가슴을 때렸어요. 날 그렇게 마음으로 생각해 주는 사람이 있다는 것을 깨달았어요. 그리고 정신 차렸죠."

준호의 삶을 바꿔 놓은 말, '우리'는 새삼 생각하면 참 친근하다. 언제나 들어도 정겹다. 사람에게 있어서 가장 근원적인 욕구 중 하나는 다른 사람들로부터 인정을 받는 것이다. 사람들은 칭찬을 들을 때 자신이 인정받고 있다고 느끼기 때문이다. 하지만 이상한 것은 가까운 사람일수록 칭찬에 인색하다. 가장 가까운 가족 간에도 칭찬은 보기 힘들다.

1992년 스페인 바르셀로나 올림픽 육상 400미터 준결승 때 일이다. 영국의 데릭 레드먼드는 출발 신호가 울리자 힘차게 달렸다. 전력을 다해 달리던 그의 눈앞에 결승점이 보였다. 그런데 100미터도 안 되는 거리를 남겨 놓을 즈음 그는 갑자기 다리와 등에 예리한 통증을 느꼈다. 순간 그는 앞으로 넘어졌다. 오른쪽 무릎 근육이 끊어진 것이다.

트랙 밖에서 대기하고 있던 의료진들이 달려갔을 때 레드먼드는 의료진을 밀치고 다리를 끌며 달리려고 했다. 그는 무엇에 사로잡힌 듯 절망에 찬 비명을 질렀다. 이때 한 남자가 뛰어와 레드먼드를 안았다. 그는 레드먼드의 아버지였다.

"달리는 건 포기하자. 이렇게까지 할 건 없어."

"아닙니다. 꼭 해야 합니다."

"그럼 우리 함께 가자."

두 사람은 길을 터주는 의료진을 뒤로하고 아주 천천히 달렸다.

잠시 침묵을 지키던 관중들은 곧 자리에서 일어나 응원을 하기 시작했다. 두 사람이 결승선을 통과하자 박수소리가 경기장을 메웠다.

이처럼 격려와 따뜻한 말 한마디는 감동과 용기를 준다. 힘이 되는 말 한마디에 사람의 인생이 달라지는 예가 많이 있다. 선생님으로부터 칭찬받은 단 한마디의 말이 가슴에 새겨져 힘이 되었다는 사람들도 많다. 또는 부모님이 해주신 격려의 말 한마디, 주위의 관심 하나로 어려운 시기를 견디며 정진해 온 사람들도 많다. 이처럼 말 한마디의 말이 주는 위력은 한 사람의 인생에서 지표가 되기도 한다.

에모토 마사루의《물은 답을 알고 있다》에 이런 말이 있다.

"사람의 의식과 말이 가진 에너지가 물의 결정이라는 눈에 보이는 형태로 나타난 것에 상당히 놀란 모양이다. 물의 결정 가운데 어떤 것은 장엄한 모습으로 이 세상의 모든 아름다움을 상징하는 것처럼 보였다. 반면, 전혀 결정을 만들지 못하고 찌그러져서 사람의 마음속에 잠자고 있는 어둠을 가르쳐주는듯한 물도 있다.

사랑과 감사로 마음을 채우면 사랑해야 할 상대와 감사하지 않을 수 없는 멋진 일이 차례로 찾아와 행복하고 건강한 생활을 할 수 있다. 미움과 불만, 슬픔이라는 파동을 내보내면 어떻게 될까. 아마 더욱 미워할 수밖에 없는 상황, 슬픔이 가득한 결과만 낳게 될 것이다."

그렇다 이렇게 물이 결정체만으로도 충분히 말의 위력을 알 수 있다. 평소 무심코 던지는 말 한마디도 신중을 기해야 한다.

처음부터 악하거나 나쁜 사람은 없다. 성장하면서 좋지 않은 환경이나 어쩔 수 없는 절박한 처지 때문에 남에게 피해를 주는 행동을 하는 것이다. 그러나 중요한 것은 아무리 악한 사람일지라도 때로 사랑이 담긴 따뜻한 말 한마디가 새로운 삶을 살 게 만든다.

메닝거는 이렇게 말했다.

"사랑은 사람을 치료한다. 사랑을 받은 사람, 사랑을 주는 사람 할 것 없이……."

그동안 우리는 남에게 피해를 주는 사람에게 무조건 야단만 쳤다. 그 야단 속에 진정 그 사람을 위한 따뜻한 마음이 들어 있었나, 하고 생각해 보아야 한다. 지금도 늦지 않았다. 지금부터라도 그들과 따뜻한 마음 한 조각 나눌 수 있는 여유가 필요하다.

말 하는 것 못지않게 듣는 것 또한 아주 중요하다. 사람이 죽을 때 가장 마지막까지 남는 감각이 청각이다. 귀에 대고 마지막 인사를 하기도 한다. 그만큼 귀로 듣는 내용에 따라 인생이 바뀔 정도로 큰 의미가 있다.

우리가 하는 말과 행동 속에는 아름다운 향기와 상처를 주는 가시가 함께 들어있다. 자기 자신은 알지 못하지만, 상대방은 느낄 수 있다. 그래서 항상 말과 행동을 할 때에는 한 번 더 생각하고 말하는 습관이 필요하다.

　나의 친구 중에는 말을 너무나 쉽게 해버리는 친구가 있다. 그 친구는 하고 싶은 말이 있으면 직설적으로 표현해버리기 때문에, 주위의 많은 친구들이 상처를 입곤 했다.

　처음에는 그 친구의 성격을 이해하려고 노력했지만. 결국엔 멀리하게 된다. 나는 주위에 아무도 없는 그 친구를 보며 가슴이 아팠던 기억이 있다.

　힘들고 지친 사람에게 따뜻한 한 마디는 용기를 북 돋아주는 큰 힘이 된다. 아무리 가정환경이 나쁘더라도 믿고 격려해주는 한 사람만 있으면 삐뚤어 지지 않는다.

　누구나 살면서 지치고 힘들 때가 분명 있다. 생일날 친구에게 마음이 담긴 편지를 받거나 힘겨울 때 듣는 힘내라는 말 한마디, 이 모든 것은 사소함 속에서 느끼는 감동이다. 힘든 상황에서 위축된 마음에 힘이 되어 주는 서로가 되길 바란다. 조금만 더 말과 행동에 신경 쓴다면 다른 사람에게 상처 대신 따뜻한 마음을 줄 수 있다. 자신이 평상시에 무심코 하는 말 한마디 속에 기쁨과 행복, 슬픔이 숨어 있다는 것을 잊지 않는 여러분이 되길 바란다.

감사일기로 긍정마인드 키우기

초등학생 아들은 매일 일기 쓰는 것을 아주 힘들어 한다. 나도 어릴 적 기억을 떠올려보면 일기 쓰기 싫어서 힘들어 했던 기억이 떠오른다. 아들의 일기를 보면 대부분 단답형이다. 좋았다, 했다, 기뻤다. 그리고 글씨체는 알아보기 힘들 정도다. 한번은 화가 난 아내가 아들 일기 검사를 하다가 아들 보는 앞에서 일기를 찢어 버렸다. 그 일이 있고 나서 아들은 더욱 일기 쓰는 것에 흥미를 잃어버린 것 같다. 하지만 안 쓸 수는 없는 노릇이어서 다독이며 다시 일기에 재미를 붙이고 있다.

이처럼 아이나 어른이나 매일 일기 쓴다는 것이 쉬운 일은 아니다. 하지만 감사일기 만큼이나 세상을 긍정적으로 바라보고 사고를 바꿀 수 있는 것도 흔하지 않다.

우리는 변명이 난무하는 세상에 살고 있다. "그건 내 잘못이 아니야.", "제가 그런 게 아닌데요." 하루에도 몇 번씩 듣기도 하고 직접 하기도 한다. 마음이 아프고 화가 날 때는 전적으로 거기서 헤어 나오지 못한 자신의 책임이다.

우리는 누구나 좋지 않은 일을 겪기도 한다. 그런데 문제의 원인을 곰곰이 따져 보면 우리 자신에게 잘못이 있었음을 깨달을 수 있다. 물론 슬픔과 분노, 좌절을 느낄 수밖에 없는 상황도 있다. 세상 누구도 겪어 보지 못한 거친 풍파를 맞으

199

며 살아온 사람도 있다. 살면서 그동안 쌓인 부정적인 마음을 바꾸기란 쉽지 않다. 하지만 감사 일기를 매일 쓰다보면 점점 자신도 모르게 긍정에너지로 바뀌는 것을 알 수 있다.

누구나 아는 토크쇼의 여왕 오프라 윈프리가 대표적인 예이다. 지금은 미국인들이 가장 존경하는 여성이며, 미국을 움직이는 또 하나의 강력한 브랜드이다. 그러나 그녀의 청소년기는 절망적이었다. 지독하게 가난한 미혼모에게 태어나 할머니 손에 자랐고 삼촌에게 성폭행 당했다. 그런 그녀가 재기할 수 있었던 것은 지금까지 매일 쓴 사소한 감사일기 덕분이었다. 그녀가 쓴 감사 일기는 대략 이렇다.

1. 오늘도 거뜬하게 잠자리에서 일어날 수 있게 해주셔서 감사합니다.
2. 유난히 눈부시고 파란 하늘을 보게 해주셔서 감사합니다.
3. 점심때 맛있는 스파게티를 먹게 해주셔서 감사합니다.
4. 얄미운 짓을 한 동료에게 화내지 않고 참을 수 있었던 나 자신에 감사합니다.
5. 좋은 책을 읽었는데, 그 책을 써준 작가에게 감사합니다.

이처럼 그녀가 매일 일상에서 느끼는 감사할 일들을 찾아 감사 일기를 썼던게 지금의 그녀를 만든 것이다.

감사 일기는 엄청난 위력이 있다. 죽음에 임박한 스티브 잡스가 가족에게 남긴 마지막 말이 있다. '죽음에 임박했을 때 가장 후회하는 것은 감사하는 삶을 살지 못했다는 것', '건강을 잃고 나서야 건강의 중요함을 깨닫듯 죽음이 임박해서야 비로소 감사의 소중함을 알았다'

그렇다. 감사는 살면서 빼놓을 수 없는 가장 소중한 것이다.

성공한 삶, 행복한 인생을 살아가는 사람들을 보면 한 번쯤 부러워한 적이 있을 것이다. 과연 그들은 뭐가 달라서 그런 인생을 살아가는 것일까? 답은 명확하다. 그들은 자신이 원하는 인생의 목표를 스스로 명확하게 정하고, 그것을 구체적인 이미지로 생생하게 그리며 종이에 썼던 것이다. 오래전 나는 헨리에트 앤 클라우의 저서 《종이 위의 기적, 쓰면 이루어진다》를 읽었다. 처음에는 믿기지 않았지만 읽어 내려가면서 나의 생각이 180도 바뀌었다.

무명시절인 짐 캐리는 종이에 '출연료 천만 달러'라고 쓰고 이것을 5년 동안 지갑 속에 넣고 다녔다. 정확히 5년 뒤 출연한 영화가 흥행에 성공하여 부적처럼 들고 다녔던 종이에 쓴 글이 실현되었다. 이처럼 쓰고 상상하는 것은 엄청난 효력이 있는 것이다. 나는 내담자들에게 감사 일기를 쓰도록 권유한다. 처음에 힘들어 하지만 횟수가 늘어가면서 내담자들이 감사의 효력을 경험한다. 사실 처음에는 감사 일기를 쓰려면 무엇을 감사해야할지 모르는 경우가 대부분이다. 다섯 개 쓰는 것도 어려워한다. 감사의 효력은 대단하다. 감사함을 느끼면 저절로 행복감도 느끼게 되기 때문이다.

"사랑해", "감사해" 이 말들처럼 큰 힘을 발휘하는 말도 없는 것 같다. 뇌과학을 연구한 어떤 이는 감사한 마음을 갖고 그것을 자주 표현하는 사람은 그렇지 않은 사람보다 무려 백만 배의 힘이 더 나온다고 한다. 백만 배의 힘이 어느 정도인지 내 머리로는 계산이 되지 않지만, 정말 대단한 파워를 가진 것만은 사실이다.

우리가 잘 알고 있는 위대한 과학자 아인슈타인은 정말 바보 같아 보일 만큼 모든 것에 감사해하는 버릇이 있었다. 사람에게 뿐만 아니라 물건조차도 감사하다고 이야기를 한 것은 유명한 일화다. 실험을 할 때 작은 비커에 대고 "네가 있어서 내가 이렇게 중요한 실험을 할 수 있구나. 비커야, 너무 감사해." 심지어 동네에 사는 개에게조차 감사함을 표현했다. "네가 아침마다 짖어 주어서 내가 일찍 일어날 수 있었어. 정말 감사해, 멍멍아." 우리는 과연 감사하다는 말을 하루에 몇 번이나 할까. 감사한 마음을 얼마만큼 실감하며 살아가는 걸까. 나도 예전에는 쑥스럽기도 하고 귀찮기도 해서 표현을 안 할 때가 많았다. 하지만 감사 일기를 쓰면서 고마운 일들이 정말 한둘이 아님을 알았다. 감사하다고 말하고 반복하다 보면 감사할 일들이 생긴다. 무조건 감사해야 한다. 예상치 못한 일에도 무조건 감사해라. 사람들은 누구나 일이 자신의 예상대로 흘러가기를 바란다. 하지만 일상은 언제나 우리의 생각과 계획대로 움직이지 않는다. 그래서 우리는 종종 당황하고, 마음이 불편해지고 심할 경우 몸과 마음에 상처까지 받는다. 마음에 평정을 잃고 순간적인 기분에 따라 행동하기 쉽다. 무조건 감사하다고 말하다 보면 평안을 유지하는데 도움이 된다. 감사도 타이밍이 필요하다. 늦으면 돌아오기 어렵다. 감사한 마음이 드는 즉시 감사해라. '즉시 감사'의 의미는 내가 실수하거나 잘못을 저질러서 좋지 않은 상황에 부딪쳤을 때 일단 내 마음을 지키기 위해 '곧 바로 즉각' 반격한다는 뜻이다. 1초 전의 과거라도 그 과거에 얽매여 자기 자신이나 타인을 비판하기 시작하면 그 불똥이 어디로 튈지는 아무도 모르기 때문이다.

불평하고 화를 내면 낼수록 내 마음이 황폐해진다. 바로 감사해야 한다. "즉시 뉘우치고 감사하는 자가 성숙하다" 바로 링컨의 말이다. 나를 괴롭히는 대상이 사람이든 환경이든 부정적인 기운에 얽매이기 전에 '즉시 감사'해라. 화를 내고 불평할수록 회복할 길은 멀어지게 마련이다.

어떤 일이 벌어지든 감사하리라고 굳게 마음먹어라. 내 귀가 반응하도록 소리 내어 감사하는 습관이 중요하다. 소리 내어 감사하다보면 내 마음속 상태가 아무리 부정적 비판적이라도 일단 소리 내어 '감사합니다'라고 외치면 된다. 왜 소리 내어 감사하는 것이 좋을까? 일단 소리 내어 감사할 경우, 가장 먼저 반응하는 것이 바로 귀다. 귀로 들어온 감사는 입술의 고백을 빨아들여 마음속으로 침투해 들어온 '반 감사'의 세력을 현격하게 약화시킨다.

"하는 일이 잘 풀리지 않아 실망하고 있다면 거울 앞에 서라. 그리고 자신의 얼굴을 보고 반복하여 말하라"

루스벨트 대통령의 말이다. 우습게 들리지 모르겠지만 소리를 내어 자기 암시를 하며 보면 어느새 믿음이 생기고, 행동으로 바뀌며, 습관이 되면서 자신의 운명이 바뀐다. 어찌 보면 오늘 내가 처한 상황은 과거에 내 입술이 만들어 낸 열매이다. 내가 감사를 말했다면 나는 오늘 감사할 만한 삶을 누리고 있을 것이다. 반대로 내가 불평과 저주를 말했다면 오늘 나는 또 그런 삶을 누리고 있을 것이다. 내가 지금 감사의 말을 해야 하는 까닭이다.

일전에 즐겨 보던 코미디 프로그램 〈개그 콘서트〉 중에 인기 코너인 '감사합니다'라는 프로그램이 있었다. 단순한 멜로디와 몸 개그와 어우러져 웃음이 나왔다. 모든 것에 감사하면 행복해지고 웃을 일이 생긴다. 내가 운영하는 블로그 〈심리치유 힐링카페〉에도 감사일기 요령과 사례가 있다. 참고하면서 함께 동참하면 자신의 마음을 긍정에너지로 쉽게 전환할 수 있다. 매일 쓰는 감사 일기만큼 긍정마인드로 키우는 것은 없다. 꼭 경험해보길 바란다.

'힐링'보다
'행복'이 필요해

시련 뒤에
가려진 행복

미국 의과 대학에서 한 교수가 앞으로 환자들을 돌봐야 하는 의대생들을 모아 놓고 이야기를 했다.

"매독에 걸린 아버지와 폐결핵에 걸린 어머니가 있다. 이 부부 사이에 네 명의 아이가 태어났는데 한 아이는 장님이 되었고, 한 아이는 귀머거리가 됐고, 다른 한 아이는 폐결핵에 걸렸고, 마지막 아이는 일찍 죽었다. 그런데 그 어머니가 또 아이를 임신했다. 너희라면 어떻게 하겠느냐."

학생들은 모두 입을 모아 당연히 유산을 권해야 한다고 말했다.

"너희들이 말대로 했다면 세기의 천재 베토벤은 태어나지 못했을 것이다."

그 어머니의 다섯 번째 아이가 베토벤이었다.

실패와 좌절을 반복하다 보면 부정적 사고가 커져서 더욱 부정적인 생각으로 가득해진다. 과거의 실패가 반복될지도 모른다는 걱정 때문이다. 하지만 과거에 겪었던 불행을 현재와 미래까지 갖고 갈 수는 없다. 모든 것은 자신에게 달려 있다. 절망은 이 세상을 사는 사람이면 누구나 느끼는 감정이다. 절망과 시련이야말로 인생을 더욱 풍요롭게 해 주는 인생의 영양제라고 할 수 있다.

나는 얼마 전부터 건강을 위해 마라톤을 시작했다. 운동과는 거리가 멀었던 내가 오랜 시간을 뛴다는 것은 그리 쉬운 일은 아니었다. 정말 죽을 맛이었다. 하지만 가족들에게 완주를 선언했기 때문에 차마 중도에 포기할 수는 없었다. 피나는 노력 끝에 결국 나는 경기마라톤대회 하프 코스를 우수한 성적으로 완주했다.

인생은 마라톤 경주와 같다. 긴 거리를 달리는 동안 곳곳에 오르막과 내리막이 있기 때문이다. 그리고 자신의 뒤를 따르는 많은 경쟁자로 인해 심리적 압박을 느낀다는 점에서도 비슷하다. 하지만 이런 고통을 극복할 수 있게 도와주는 힘도 있다. 곳곳에 놓아둔 물과, 한마음으로 응원해 주는 관중들이다. 그들의 응원과 힘찬 박수갈채는 달리는 동안 외로움과 고통을 잊게 해 준다. 그리고 아무리 힘든 순이간 와도 언젠가는 끝이 난다는 점에서도 인생과 마라톤은 닮았다.

1992년 내전이 한창이던 사라예보의 어느 빵 가게 앞에서 있었던 일화이다. 길 한복판에 긴 머리에 덥수룩한 수염을 기른 중년 남자가 첼로를 들고 나타났다. 그는 검정색 양복을 입고 불에 탄의자에 앉아 첼로를 켜기 시작했다. 그 빵 가게는 빵을 사려고 줄을 서 있던 22명의 무고한 사람들이 폭탄이 터지면서 숨진 곳이었다. 그의 이름은 베드란 스마일로비치로 사라예보 오페라 극장의 단원이었다.

수 세기 동안 사라예보에서는 전쟁이 끊이지 않았다. 그러나 전쟁 앞에서 그는 아무것도 할 수 없는 무력한 존재였다. 하지만 그는 하루도 빠지지 않고 날마다 그 자리에 나타나 알비노니Albinoni의 〈아다지오 G단조〉를 연주했다. 〈아다지오 G단조〉는 제2차 세계대전이 끝난 뒤 폐허가 된 독일의 드레스덴에서 타다 남은 악보를 기초로 해서 만든 곡이었다.

그는 전쟁의 폭격 속에서도 아름다운 음악을 연주하며 사라예보의 상처 입은 거리에서 평화를 갈망하는 사람들의 마음을 전하려고 했다. 언제 어디에서 총탄이 날아올지 모르는 두려움과 군인들의 위협에도 꿈쩍하지 않고 그는 최선을 다해 음악을 연주했다. 그의 연주는 22일 동안이나 계속되었다.

얼마 뒤 그의 영혼에 감동을 받은 음악인들이 하나둘 그 옆에 자리를 잡고 앉았다. 내전이 끝난 뒤 스마일로비치가 첼로를 연주했던 곳에 꽃이 놓이기 시작했다. 서로에게 총을 겨누었던 크로아티아인, 세르비아인, 회교도인, 기독교인 모두가 그를 기억했다. 베드란 스마일로비치가 연주했던 음악은 증오와 공포가 가득한 전쟁 속에서도 삶과 평화에 대한 희망의 불씨가 되었다.

살다 보면 뜻하지 않게 힘든 시련을 겪게 된다. 하지만 그렇더라도 결코 희망을 놓지 말아야 한다. 우리가 겪는 시련은 소나기처럼 곧 지나간다. 잠깐의 고통 때문에 삶의 희망을 놓아서는 안 된다. 비가 그친 뒤에 아름다운 무지개가 나타나는 것처럼, 우리의 인생도 시련 뒤에는 반드시 좋은 일이 찾아올 거라는 희망을 갖자.

한 팔로 인생을 살아가는 사람이 있다. 그는 군 장교 시절 훈련 도중 수류탄 사고로 오른팔을 잃었다. 각고의 노력으로 대학을 졸업하고 취업의 문을 두드렸지만 번번이 실패했다. 면접을 볼 때 면접관들은 항상 그의 오른쪽 의수에 시선을 보내며 불합격 처리를 했다. 심지어 이런 질문도 들었다.

"한쪽 팔만 가지고 일을 제대로 할 수 있겠어요?"

오기가 발동한 그는 다음 면접에서 이렇게 말했다.

"저는 한쪽 팔을 국가에 바쳤습니다. 그런데 왜 모든 직장에서 이런 대우를 받아야 합니까? 제게 일을 시켜 보셨습니까? 이 회사에는 팔로만 하는 일밖에 없나요? 머리로 하는 일은 없는 겁니까? 저는 이번에 떨어져도 좋습니다. 하지만 다른 장애인이 오면 정중하게 대해 주십시오."

이를 지켜보던 한 여성 면접관이 "지금 한 말을 영어로 옮겨 보십시오"라고 하더니 그의 이야기를 듣고 미소를 지으며 즉석에서 '합격'을 지시했다. 바로 애경그룹의 장영신 회장이었다.

그는 애경에서 신입 사원으로 시작해 자나 깨나 제품 개발에 몰두했고, '하나로샴푸'와 '2080치약' 등이 히트 치면서 30대 중반의 젊은 나이에 중역이 되었다. 이후 그는 2001년 KTF로 옮겨 여성을 겨냥한 '드라마(Drama)', 대학생을 대상으로 한 '나(Na)', 3세대 휴대 전화인 '쇼(Show)' 등으로 돌풍을 일으키고 국내 마케팅의 대가로 자리 잡게 되었다. 그는 신체적인 콤플렉스는 스스로 만들어 낸다는 것을 깨달았다. 그는 남들보다 앞서 나갈 수 있었던 비결에 대해 다음과 같이 말했다.

"힘든 일이 생기면 나에게 하느님이 더 큰 일을 주시려나하는 생각이 들어 오히려 더 힘이 났어요. 언젠가 해고당한 친구가 찾아와서 하소연하기에 '걱정하지 말고 얼마나 좋은 기회가 될 수 있는지 생각해 봐. 잠시 쉬면서 더 큰 생각을 할 수 있지 않을까. 네게 온 특별한 선물이라고 생각해 봐'라고 했어요."

이 사례의 주인공은 전 KTF 조서환 부사장이다. 열정 하나로 장애를 극복한 것이다. 우리는 팔과 다리가 모두 있지 않은가? 무엇이 두려운가? 우리라고 못 할 게 없다. 자신감을 갖기를 바란다.

희망 전도사 송진구 교수는 《포기 대신 죽기 살기로》에서 '희망+절망=100'이라는 공식을 제시했다. 희망과 절망은 저울의 양쪽 추와 같아서 한쪽이 내려가면 다른 쪽은 올라가게 되어 있다는 것이다. 절망이 점점 커져 100이 되는 순간 희망은 0이 되고, 반대로 희망이 점점 커져 100이 되는 순간 절망은 0이 된다는 설명이다. 우리 인생 공식도 '희망100+절망0=희망100'이었으면 좋겠다.

살아가면서 만나게 되는 시련이나 고통 속에서도 감사할 일은 존재한다. 설령 아무런 감사할 일을 찾지 못하더라도 '감사합니다'를 반복해서 말하면 감사하는 마음이 생기면서 감사할 일도 보일 것이다. 인생을 살다 보면 시련만 있는 것은 아니다 시련 뒤에 가려진 행복도 볼 수 있게 멀리 보고 힘차게 달려가다 보면 희망과 절망의 추는 분명 바뀌게 된다.

내 이야기를 쓰는 건
나 자신이다

"사랑을 쓰려거든 연필로 쓰세요. 사랑을 쓰다가 쓰다가 틀리면 지우개로 깨끗이 지워야 하니까."

가수 전영록의 대표적인 히트 곡 〈사랑은 연필로 쓰세요〉 가사의 한 구절이다. 우리의 삶도 노래 가사처럼 쓰다가 틀리면 지우고 다시 쓸 수 있는 것이다. 우리 인생은 우리가 써 나가는 것이다.

영국의 조지 왕이 어느 도자기 공장에 들렀을 때의 일이다. 왕은 평소 도자기에 남다른 관심을 갖고 있던 터라 도자기가 전시된 방을 둘러보며 아름다움에 감탄하고 있었다. 그러다가 두 개의 꽃병이 나란히 전시되어 있는 것을 보았다. 자세히 보니 두 개의 꽃병은 원료와 무늬가 같았다. 그러나 하나는 맑은 빛에 유려한 선이 마치 예술품 같았지만 다른 하나는 투박하고 볼품없는 모양이었다.

"두 개의 꽃병 모두 같은 원료를 사용하지 않았소? 그런데 느낌이나 작품의 완성도는 너무 다르오. 하나는 아주 훌륭하게 만들어졌으니 전시하면 좋겠지만 다른 하나는 이곳에 두기엔 형편없는 것 같소. 그런데 어째서 두 개의 꽃병을 나란히 두었소?"

왕의 물음에 공장장은 이렇게 말했다.

"하나는 불에 구워졌고 다른 하나는 구워지지 않았습니다. '시련은 인생을 풍요롭게 그리고 아름답게 한다.' 두 개의 꽃병을 나란히 둔 이유는 그런 뜻을 말하기 위함입니다."

도자기가 초벌구이와 재벌구이를 거쳐 비로소 완성되듯이 우리의 삶도 시련을 겪으며 더욱 단단하고 견고해진다.

《영문학사》의 저자이자 문학 비평가인 에반스는 자유주의자 조지 버나드 쇼George Bernard Show를 한마디로 이렇게 평했다.

"그에게 유머가 없었다면 그는 그의 인생관 때문에 혁명 당원으로 몰려 단두대로 끌려갔을 것이다."

조지 버나드 쇼는 극작가, 평론가, 연설가 등 많은 사회 활동을 하였으며, 1925년에는 노벨 문학상도 수상했다. 어느 날 한 기자가 버나드 쇼에게 물었다.

"낙천주의자와 비관주의자의 차이는 무엇입니까?"

그러자 버나드 쇼는 다음과 같이 대답했다.

"술병에 술이 절반 남았을 때 '아아, 아직도 반이나 남아 있구나!'라고 말하는 사람은 낙천주의자이고, '아이고, 이제 반밖에 남지 않았네!'라고 말하는 사람은 비관주의자입니다."

그가 죽은 다음 그의 서재에서 나온 유서에는 이렇게 쓰여 있었다.

"내가 죽거든 내 뼈와 아내의 뼈를 함께 태워 재로 만든 다음, 그 것을 뒤섞어서 정원에 뿌려 주길 바란다. 또 무덤의 묘비는 십자가 나 그 외의 어떠한 피의 희생을 상징하는 심벌의 형태가 되지 않도 록 해 주길 바란다."

그러면서 그는 이런 자필 묘비명을 남겼다.

"내 우물쭈물하다가 이렇게 될 줄 알았다!"

인생은 생각보다 길지 않다. 나이가 들수록 더욱 빨라지는 게 세 월이다. 머뭇거릴 시간이 없다. 그러니 실패했더라도 그 자리에서 툴툴 털어 버리고 바로 일어나자. 시련도 실패도 소중한 인생의 한 부분이다.

세계를 제패했던 최고의 전략가 칭기즈칸은 이렇게 말했다.

"집안이 나쁘다고 탓하지 마라. 나는 아홉 살 때 아버지를 잃고 마을에서 쫓겨났다. 가난하다고 말하지 말라. 나는 들쥐를 잡아먹 으며 연명했고, 목숨을 건 전쟁이 내 직업이었고 내 일이었다. 작 은 나라에서 태어났다고 말하지 말라. 그림자 말고는 친구도 없고 병사로만 10만, 백성은 어린애, 노인까지 합쳐 2백만도 되지 않았 다. 배운 게 없다고 힘이 없다고 탓하지 말라. 나는 내 이름도 쓸 줄 몰랐으나 남의 말에 귀 기울이면서 현명해지는 법을 배웠다. 너무 막막하다고, 그래서 포기해야겠다고 말하지 말라. 나는 목에 칼을 쓰고도 탈출했고, 뺨에 화살을 맞고 죽었다 살아나기도 했다. 적은 밖에 있는 것이 아니라 내 안에 있었다. 나는 내게 거추장스러운 것은 깡그리 쓸어버렸다. 나를 극복하는 그 순간 나는 칭기즈칸이 되었다."

어린 시절 칭기즈칸의 삶은 비참했다. 그가 속한 부족은 작고 나약했으며 그는 아버지를 잃었고 제대로 교육 받지도 못했다. 이런 최악의 상황에서 그는 스스로 역경을 극복하고 이겨내어 자신의 원대한 꿈을 이루었다. 사람들은 불평과 불만을 입에 달고 산다. 부모가 가난하기 때문에 불행하다. 배우자를 잘못 만났기 때문에 고생한다. 나는 장애가 있기 때문에 아무것도 할 수 없다. 어떻게 하면 더욱 불행해질지를 연구하는 사람처럼 보이기도 한다. 푸념을 늘어놓을 시간에 좀 더 자신에게 도움이 되는 일을 하자. 불평과 불만을 늘어놓는 것은 자신에게 전혀 도움이 되지 않는다.

며칠 전 지인들과 술 한잔을 하고 있을 때 옆 테이블에서 이야기하는 소리가 들렸다. 국가에 대한 욕부터 시작해서 직장 상사에 대한 불만을 토로했다. 그리고 그 불만은 다시 부모에게 옮겨지고 가정에 대한 불만으로 이어졌다. 그런데 사실 불만은 외부에 있는 것이 아니라 자기 자신에게 있다. 내가 만족하지 못하고 불행하면 모든 것이 삐딱하게 보일 뿐이다. 내 안의 뒤틀려 있는 마음의 응어리를 풀어야만 나 자신을 바라보는 관점도, 세상을 바라보는 시선도 바뀔 것이다.

함께하는 주변의 사람들도 무척 중요하다. 나의 발전과 성공을 시기하고 질투하는 사람들과는 교제하지 말아야 한다. 나의 성장을 가로막는 사람들과의 관계도 청산해야 한다. '독수리와 놀면 독수리처럼 행동하게 되고, 오리와 놀면 오리처럼 행동하게 된다'는 말이 있다. 독수리처럼 될지 오리처럼 될지를 결정할 수 있는 것은 오직 자신밖에 없다.

일본의 이미지 트레이닝 코칭의 개척자인 니시다 후미오는 저서《된다 된다 나는 된다》에서 그 이유를 다음과 같이 설명했다.

"누구든 운이 없는 사람들과 어울리고 재수 없는 말을 입에 올리다 보면 그 또한 틀림없이 운이 없는 사람으로 전락하게 되어 있다. 따라서 친구를 사귈 때는 정말 조심해야 한다. 운이 없는 사람들과 함께 있으면 자신의 운조차 나빠진다. 무의식중에 운이 날아가는 사고와 행동을 취함으로써 자연스럽게 운을 쫓아 버리기 때문이다.

정확한 목표를 세우고 전진할 때 에너지가 모이고 집중되기 때문이다.

두 사나이가 감옥에서 창문으로 밖을 바라보았다. 한 사람은 진흙탕을, 다른 한 사람은 별을 보았다. 진흙탕을 볼 것인가, 별을 볼 것인가. 이 시대를 살아가는 사람 중에 정신적으로 죽어 있는 이들이 너무나 많은 것 같다. 무기력증에 빠진 사람, 꿈이 없는 사람, 목표 없이 사는 사람, 현재보다 나아지기를 바랄 뿐 행동할 줄 모르는 사람. 심하게 말하면 그들은 생물학적으로 살아 있기는 하지만 진정으로 살아 있는 것은 아니다. 진정한 행복을 누리지 못하기 때문이다. 지금도 늦지 않았다. 최선을 다해서 자신만의 이야기를 써 내려가다 보면 큰 행복이 기다리고 있을 것이다.

행복의
보이지 않는 끈을 찾아라

나폴레옹은 행복에 대해 이런 명언을 남겼다.

"행복을 사치한 생활 속에서 구하는 것은 마치 태양을 그려 놓고 빛이 비치기를 기다리는 것과 같다."

사람들은 행복을 재물이나 명예 안에서 찾으려고 한다. 그렇기 때문에 자신과 가장 가까운 곳에 그림자처럼 따라다니는 행복을 발견할 수 없는 것이다.

《파랑새》라는 동화에는 이러한 행복의 속성이 잘 나타나 있다.

크리스마스 전날, 어린 남매 틸틸과 미틸 앞에 요술쟁이 할머니가 나타나서 병든 딸을 위해 파랑새를 찾아 달라고 부탁한다. 그래서 두 남매는 파랑새를 찾아 개, 고양이, 빛, 물, 빵, 설탕의 요정을 데리고 길을 떠난다. 추억의 나라, 밤의 궁전, 숲, 묘지, 미래의 나라 등을 헤매었지만 끝내 파랑새를 찾지 못하고 집으로 돌아온다. 그런데 그것은 꿈이었고, 깨고 나니 집 문에 매달린 새장 안에서 기르고 있던 새가 파랑새라는 사실을 알게 된다.

《파랑새》는 행복은 멀리 있는 것이 아니라 가까이에 있다는 것을 알려 주는 동화다. 행복은 우리가 매 순간 들이마시는 공기와 같은 것이다. 우리가 공기에 대해 관심을 갖지 않기 때문에 공기의 존재를 망각하며 살아간다. 행복도 그렇다. 우리 주변에는 사소한 행복이 너무나 많다. 그렇지만 행복에 관심을 두지 않기 때문에 느낄 수 없는 것이다.

세상에는 작은 것에도 감사하며 행복하게 사는 사람도 있고 항상 불평불만을 늘어놓으며 불행하게 사는 사람도 있다. 행복하게 사는 사람은 매사에 긍정적이고 웃음을 잃지 않는다. 하지만 이와 반대로 불행하게 사는 사람은 늘 부정적이다. 또한 얼굴은 경직되어 있다. 그래서 화가 난 것처럼 보이기도 한다.

미국의 철학자이자 심리학자인 윌리엄 제임스Willam James는 이렇게 말했다.

"우리는 행복하기 때문에 웃는 것이 아니고 웃기 때문에 행복하다."

그렇다 웃음은 행복을 부르는 주문과도 같다. 세상에 행복해지고 싶지 않은 사람은 없다. 행복해지고 싶다면 이제 경직된 얼굴을 밝고 환한 얼굴로 바꾸고 많이 웃어야 한다.

우리는 살아가면서 자신의 이익 때문에 가족이나 친구들에게 씻을 수 없는 상처를 주기도 한다. 당장 눈앞에 보이는 이익 때문에 평생 함께할 사람들에게 상처를 준다면 이보다 더 슬픈 일은 없을 것이다. 우리는 가족이나 친구들에게 항상 고마워해야 한다. 그들이 나를 지탱해 주는 보이지 않는 힘의 근원임을 알아야 한다. 우리 혼자서 이룰 수 있는 것은 아무것도 없다.

1937년 하버드 의대에서 '잘 사는 삶에는 어떤 공식이 있을까'라는 의문을 풀기 위해 실험을 했다. 지성에 적응력까지 갖춘 우수한 학생 268명의 일생을 추적하였다. 그리고 72년이 지난 후 확인해 보니 그중 3분의 1이 이런저런 이유로 정신 질환 치료를 받은 것으로 드러났다. 마약이나 알코올에 중독돼 요절한 이도 적지 않았다. 최고의 엘리트라고 해서 반드시 행복하게 사는 것은 아니라는 의미다. 연구를 주도한 조지 베일런트George E. Vaillant 교수는 '가장 중요한 것은 인간관계이며 행복은 결국 사랑'이라는 결론을 내렸다.

녹색 안경을 끼면 모든 사물이 녹색으로 보이고, 흑색 안경을 끼면 삼라만상이 흑색으로 보인다. 자신이 끼는 안경의 색에 따라서 이 세상이 푸르게 보이기도 하고 검게 보이기도 하고, 밝게 보이기도 하고 어둡게 보이기도 한다. 우리 마음의 눈도 마찬가지다. 좋게 보려고 하면 좋게 보이고 나쁘게 보려고 하면 실제로 아무리 좋아도 나쁘게 보인다. 마음먹은 대로 보이는 것이다. 그러니 마음먹기가 얼마나 중요한 일인가.

우리는 인생에 대해 긍정적일 수도 부정적일 수도, 적극적일 수도 소극적일 수도, 낙관적일 수도 비관적일 수도 있다. 육당 최남선 선생은 일찍이 이렇게 외쳤다.

"세상에는 두 종류의 민족이 있다. 하나는 살고자 하는 강한 의지를 가지고 살아가는 적극적 민족이고, 다른 하나는 살아지니까 사는 소극적 민족이다. 우리는 자신의 의지를 가지고 적극적인 삶을 사는 자세를 배워야 한다."

오리슨 스웨트 마든Orison Swett Marden이 쓴 《행복하다고 외쳐라》에 실려 있는 이야기 중 하나다.

어느 마을에 휴가를 갈 여유가 없다고 말하는 사람이 있었다. 여러 차례 사무실로 전화를 했지만 한 번도 한가한 때가 없었다. 그는 항상 일을 하고 있었다. 해가 지나도 맹렬한 기세는 누그러질 줄 몰랐다. 그 사람은 자신이나 주변의 모든 사람들이 열심히, 쉬지 않고 일해야 한다는 신조를 가지고 있었다. 휴가나 휴식은 터무니없는 소리고, 일 외에 소비되는 시간은 낭비라고 말했다. 시골에 처박혀 있거나 아무 일도 하지 않고 빈둥거리며 보내기에는 인생이 너무 짧다는 것이 그의 지론이었다.

그러나 결국 그의 건강에 문제가 왔다. 손이 너무 떨려서 수표에 서명조차 하기 힘들었다. 한때는 활기차고 확고하던 그의 발걸음은 느리게 변했다. 너무 약해 금방이라도 쓰러질 것처럼 보였다. 그런데도 그는 계속 일을 했다. 비록 그는 돈은 많이 벌었을지 모르지만, 절대적인 실패자였다. 직원들 중 그를 동정하는 사람은 아무도 없었다. 그를 비열하고 인색하다고 여겼기 때문이다. 그는 돈벌이 기계에 불과했다. 냉정하고 일밖에 모르며 인간 감정에 반응할 줄 모르는 기계였던 것이다.

재물이 아무리 많더라도 건강을 잃는다면 아무 소용없다. 몸이 아프면 행복한 일이나 기쁜 일도 우울하게만 느껴지기 때문이다. 재물은 없더라도 다시 얻을 수 있다. 하지만 건강은 한번 잃으면 다시 회복하기 힘들다. 그렇기 때문에 꿈이 있는 사람은 가장 먼저 건강을 돌봐야 한다. 마음과 더불어 몸이 온전할 때 자신이 이루고자 하는 꿈을 성취할 수 있다.

우리가 행복의 의미를 어디에 두느냐에 따라 행복이 보이기도 하고 보이지 않기도 한다. 멀리 있는 행복을 좇지 말고 가까이 있는 행복들을 찾아 만족하며 사는 것이 더욱 소중하다. 미처 보지 못한 행복의 끈을 찾아 더 나은 삶을 살아가기를 바란다.

행복은
행복한 데서 온다

"인생에 주어진 의무는 다른 아무것도 없다네. 그저 행복해야 한다는 한 가지 의무뿐. 우리는 행복해지기 위해 세상에 왔다."

독일의 대문호 헤르만 헤세Hermann Hesse가 남긴 말이다. 그렇다 우리는 행복해지기 위해 살아간다. 하지만 주변을 둘러보면 행복한 삶을 사는 이들은 많지 않다. 모두 바쁘고 힘든 삶을 살며 여유를 느끼지 못하기 때문이다. 지나가는 사람들의 얼굴을 봐도 마치 화가 난 것처럼 보인다.

마음속에 무엇을 간직하고 사느냐에 따라 삶이 달라진다. 우리는 '행복은 마음먹기에 달려 있다'라는 말을 참 많이 듣는다. 그렇지만 살다 보면 '인생 뭐 별거 있어', '사는 게 다 그렇지 뭐!' 하며 쉽게 푸념 섞인 말들도 하게 된다. 좋아하는 일들을 시도해 보지 않고 그냥 쉽게 단념하거나 포기해 버린다.

〈여우와 신 포도 이야기〉라는 이솝 우화가 있다. 무더운 여름날 탐스럽게 열린 포도나무를 보며 나무 밑에 여우가 서 있다. 배가 너무 고픈 여우는 포도 한 송이 먹고 나면 기운이 날 거라 생각하고 여러 시도를 했다. 하지만 손끝에 겨우 닿을 뿐 먹지는 못하고 포기해 버린다. 정말 먹고 싶은데 먹지는 못하고 한참을 노려보다가 혼자서 중얼거리며 돌아선다. "저 포도는 너무 시어서 안 먹는 게 나아." 그렇게 포도밭을 지나고 있는데, 다른 여우가 나타나서 막대기를 이용해 포도를 먹고 있다. 자신도 먹고 싶었지만, 신 포도라고 생각하고 포기한 것을 잘 했다고 스스로 위안을 삼아 버린다.

우리는 하고 싶은 일을 하지 못하는 것에 대해 여러 가지 이유를 대며 합리화한다. 그리고 쉽게 단념해 버린다.

'지금 행복한가?' 스스로 이런 질문을 던져 보면 선뜻 답을 찾기 힘들다. 기대한 만큼의 행복감이 느껴지지 않는 이유를 알 수 없다. 우리나라 행복 지수는 경제협력개발기구(OECD) 회원국 36개국 가운데 27위인 것으로 나타났다. 이처럼 행복 지수가 낮은 이유는 주위 사람들과 자신을 끊임없이 비교하기 때문이다. 건강하고 부족한 게 없지만 불만이 많고 행복을 못 느끼는 사람들이 있는가 하면, 몸이 선천적으로 건강하지 않은데도 불구하고 낙천적인 사고방식으로 여러 사람들에게 희망을 주는 사람도 있다. 그들에게 장애는 문제가 되지 않는 것이다.

《오체 불만족》의 저자 오토다케 히로타다가 바로 그런 사람이다. '장애는 불편한 것이지만 불행한 것은 아니다'라는 긍정의 메시지를 담은 그 책은 일본뿐 아니라 전 세계에서 베스트셀러가 됐다.

그는 졸업 후 집필 활동을 해 오다가 어릴 적 꿈이었던 교사가 되기 위해 2007년 초등학교 교원 면허를 취득했다. 그리고 2010년까지 도쿄 스기나미구의 구립 초등학교에서 3년 동안 교직에 몸담았다. 그는 휠체어를 타고 턱과 어깨 사이에 분필을 끼워 칠판에 글씨를 쓰며 아이들을 가르쳤다. 2013년에는 4년 임기의 도쿄 교육위원에 선임되었다. 그는 비록 몸은 불편하지만 현재 자신이 가지고 있는 능력을 최대한 발휘하며 하루하루를 행복하게 살아간다.

나의 어릴 적 친구 중에도 다리가 불편한 친구가 있었다. 공부도 아주 잘했고 성격도 원만해서 주위에 친한 친구들이 많았다. 자동차 사고로 다리를 다쳐 비록 걸을 때 다리를 절었지만, 마음에는 구김이 전혀 없는 친구였다. 그 친구가 공부를 잘하는 것도 부러웠지만 더 부러웠던 것은 긍정적 사고였다. 나는 부모님의 잦은 불화로 힘들어할 때라 그 친구가 더욱 멋져 보였다. 무엇을 하든 즐거워 보였고 열정적으로 최선을 다했기 때문이다. 그래서 그 친구와 함께 있으면 나까지 덩달아 행복하다는 생각이 들곤 했다. 그 친구가 했던 말이 생각난다. "일교야, 나는 되도록이면 매일 즐겁게 살려고 노력해. 그리고 매일 최선을 다해 살아. 그럼 불편한 다리를 갖고 있는 내가 더욱 자랑스럽거든."

세계적 베스트셀러 작가 스펜서 존슨Spencer Johnson도 《선물》이란 책에서 '오늘' 속에 감춰진 마법과도 같은 행복과 비밀을 공개했다. 세상에서 가장 소중한 선물은 바로 지금 이 순간이라는 것. 책에 이런 구절이 있다.

"지금 내게 주어진 것은 오늘뿐, 내일을 오늘로 앞당겨 쓸 수도, 지나간 어제를 끌어다 부활시킬 수도 없다. 바로 지금 이 순간에 몰입하라. 바로 지금 이 순간이야말로 세상이 당신에게 주는 가장 소중한 선물이다."

'네가 헛되이 보낸 오늘은 어제 죽은 이가 그토록 그리던 내일이다'라는 말이 있듯이 오늘에 감사하고 만족해야 한다.

정목 스님의 《달팽이가 느려도 늦지 않다》에 이런 말이 있다.

'강물이 느리게 흐른다고 강물의 등을 떠밀진 마십시오. 액셀러레이터도 없는 강물이 어찌 빨리 가라 한다고 속력을 낼 수 있겠습니까. 달팽이가 느리다고 달팽이를 채찍질하지도 마십시오. 우리가 행복이라 믿는 것은 많은 경우 행복이 아니라 어리석은 욕심일 때가 대부분입니다. 우주의 시계에서 달팽이는 결코 늦지 않습니다.'

사람들은 자신의 욕심과 욕망을 채우면 더 행복해질 거라고 생각한다. 좀 더 넓은 집으로 이사하면, 좀 더 좋은 차로 바꾸면 더 행복해질 것 같다. 하지만 내가 갖고 있는 것과 타인이 갖고 있는 것을 비교하고 소유하려고 할수록 불행해진다. 욕심을 조금만 내려놓아도 지금 당장 행복감을 느낄 수 있다.

지금껏 살아온 인생을 돌이켜 보면 기억하기 싫을 정도로 악몽 같았던 순간이 있다. 나의 어린 시절이 그랬다. 내 인생에서 정말 사라졌으면 하는 마음이었다. 하지만 돌이켜 생각해 보면 그 시절이 나를 더욱 단단하게 만들었다.

　우리의 삶은 오르막길과 내리막길의 연속이다. 그런 인생의 고저가 있기에 삶은 더욱 풍요로워진다. 좀 더 여유를 가지고 자신의 인생을 바라볼 수 있었으면 한다. 행복도 한 순간이고, 불행도 한 순간이다.

　현재의 삶이 고달프고 힘들지라도 주변 모든 것에 감사한 마음을 가질 줄 안다면 우리 삶은 지금보다 훨씬 행복해질 것이다. 그리고 어렵고 힘든 시기를 보내는 데 큰 도움이 될 것이다. 진정한 행복은 우리가 갖지 못한 것을 얻었을 때 오는 것이 아니다. 우리가 이미 가진 것을 깨닫고 감사할 때 따라오는 것이다.

행복의 크기는
사람마다 다르다

지인 중에 한 분이 딸 때문에 속이 상한다고 고민을 이야기했다.
공부하다 서른이 넘어 버린 막내딸 정수리에 흰머리가 나 있었다.
그걸 엄마더러 뽑아 달란다. "아니 시집도 안 갔는데 벌써 흰머리
가 나면 어쩌란 말이냐?" 구시렁거리며 뽑아 주기는 했지만 속이
편치 않다. 시집 못 간 딸 입장에서는 더욱 답답하겠지만 재촉한다
고 되는 문제는 아니어서 답답하다고 토로했다.

또 다른 지인 한 분은 일찍 장가간 아들이 맞벌이한다고 아이를
맡겨 놓아 아무것도 못 하고 아이 보느라 힘들다고 푸념을 한다.
손자를 돌이 될 때까지 키웠더니 이제는 둘째도 맡겨 놓은 턱에 나
이 들어 손자들을 보려니 너무 힘들다고 했다. 이 두 사람 중 누가
더 나을까.

옛날에 두 아들을 둔 어머니가 살았다. 큰아들은 우산을 파는 우
산 장수였고, 작은아들은 부채를 파는 부채 장수였다. 여름이 되어

228

날씨가 더워지자 작은아들의 부채가 잘 팔렸다. 그러나 우산을 파는 큰아들은 하루 종일 우산 하나도 팔지 못하고 허탕을 쳤다. 그 것을 본 어머니는 울상을 지었다. "햇볕이 쨍쨍하니 우산이 하나도 팔리지 않는구나. 에그, 불쌍한 큰아들!" 며칠 뒤, 비가 오기 시작하더니 며칠 동안 시커먼 비구름이 가시질 않았다. 그때부터는 우산을 파는 큰아들은 바빠지고 작은아들은 하루 종일 부채 하나도 팔지 못했다. 그러자 어머니는 한숨을 내쉬었다. "어휴, 우리 작은아들 불쌍해서 어쩌나. 어서 비가 그쳐야 할 텐데……." 이렇게 어머니는 날씨가 맑은 날이면 우산 장수인 큰아들을 걱정했고, 비가 오는 날이면 부채 장수인 작은아들을 걱정했다.

그 모습을 보고 이웃 사람이 말했다. "생각을 바꿔서 해 보세요. 날씨가 맑은 날엔 부채 장사가 잘되니 작은아들을 생각하며 기뻐하고, 비가 오면 우산 장사가 잘되니 큰아들을 생각하며 기뻐하면 되잖아요." "아이고, 그렇군요." 어머니는 손뼉을 치며 웃었다. 그 때부터는 비가 오는 날에는 비가 많이 오라고, 맑은 날에는 해가 더욱 쨍쨍하라고 빌며 늘 즐겁게 살았다.

모든 게 마음먹기에 달렸다. 누구에게나 좋은 일도 있고 나쁜 일도 있기 마련이다. 우리는 좋은 것을 가지고 좋은 일만 있으면 행복할 거라고 생각한다. 하지만 마음을 어떻게 가지느냐에 따라 행복하게 느낄 수도 있고 불행하게 느낄 수도 있다.

얼마 전 잡지를 보다가 티 없는 밝은 표정으로 해맑게 웃고 있는 아이들 사진을 보았다. 사진 아래 설명을 보니 부탄이라는 나라의 아이들이었다. 비록 소득은 높지 않지만 행복 지수 1위 국가에 걸맞게 행복하고 평화로워 보였다. 천진난만한 어린이들 표정을 보니 나 또한 덩달아 기분이 좋아진다. 이 아이들은 욕심이 없다. 항상 감사하게 생각하며 살기 때문이다. 욕심 그릇은 작으면 작을수록 자유롭고 행복하다. 반대로 만족 그릇은 크면 클수록 행복하다. 현자들은, 행복은 가진 것에 있는 것이 아니라 가진 것에 만족하는 데 있다고 말한다.

뉴욕의 어느 거리에 풍선 장수가 있다. 그 풍선 장수는 수소 가스를 넣은 풍선을 파는 사람이었다. 풍선 장수의 수레에는 노란색, 파란색, 빨간색 등 많은 풍선이 둥둥 떠 있었다. 그때 한 흑인 꼬마가 다가와 풍선 장수에게 이렇게 물었다. "아저씨, 까만 풍선도 다른 것들처럼 저렇게 뜰 수 있을까요?" 꼬마의 말을 들은 풍선 장수는 이렇게 말했다. "물론이지 꼬마야. 풍선이 뜨는 것은 풍선의 색깔에 달려 있는 것이 아니란다. 풍선 안에 들어 있는 가스 때문이란다."

아직 결혼을 하지 못한 싱글은 결혼을 해서 가정을 이룬 친구가 마냥 부럽게 느껴지고 행복하게 보인다. 아이가 생기지 않는 부부는 아이 키우는 부부가 그렇게 부러울 수가 없다. 신생아 때문에 매일 잠 못 자는 엄마는 싱글들이 부럽기만 하다. 아이들이 성장해서 출가하고 둘만 있는 노부부는 자녀들이 어렸을 때 그 시절이 그립기만 하다. 대부분의 사람들이 현재보다는 과거나 미래의 행복에 대해서만 생각한다. 하지만 돌이켜 생각해 보면 언제나 현재가 가장 행복한 시기이다.

수피아 유소프라는 '수학 천재 소녀'가 있었다. 그녀는 13살 때 영국의 옥스퍼드대학교 수학과에 조기 입학할 정도로 똑똑했다. 그녀의 아버지는 '학습 가속화 기법'을 개발한 과외 선생님이다. 하지만 그녀는 집에서 가출했고 아버지를 거부했다. "아버지로부터 정신적, 육체적으로 학대를 받은 생지옥 같은 생활이었다"는 이유였다. 그녀는 한때 천재로 불렸지만 2008년 한 신문을 통해 그녀가 매춘부가 되었다는 사실이 알려지면서 많은 사람들에게 충격을 주었다.

많은 사람들이 행복의 조건에 대해 착각을 한다. 내가 지금 가지지 못한 것을 가진다면 행복해질 것이라는 착각이다. '성적이 더 오르면……', '연봉이 조금 더 많다면……', '집이 조금 더 넓었으면……' 이처럼 수많은 후회와 결핍으로 점철된 인생은 현재를 즐기지 못하게 만든다. 아직 다가오지 않은 미래를 미리 걱정하고 고민할 필요는 없다. 현재 지금 이 순간에 집중해야 한다.

나는 어렸을 때 '공부 잘하고 똑똑한 사람들은 모두 행복하겠지'라고 생각했었다. 하지만 공부 잘하는 친구도 그 나름대로 고민이 있었다. 성적이 행복의 전부는 아니다.

1989년 강우석 감독의 〈행복은 성적순이 아니잖아요〉라는 영화의 첫 장면이 기억에 남는다. 주인공이 꿈에서 농구 골대를 이용해 목을 매달고 자살을 시도하는 장면으로 시작된다. 요즘 성적 비관으로 자살하고, 집단 따돌림으로 고통 받는 학생들이 점점 늘고 있다. 아주 오래전에 만들어진 영화의 내용이 지금의 상황과 별반 다르지 않아 씁쓸하게 느껴진다.

4살 때 IQ 210을 기록하고, 5살 때 5개 국어를 구사한다. 구구단을 배운 지 7개월 만에 미적분을 푸는 천재 김웅용은 이렇게 말한다.

"평범하기 위해 갖추어야 할 것들이 너무 많습니다. 걸어 다닐 수 있어야 하고, 볼 수 있어야 하고 건강해야 하죠. 저는 평범하게 사는 것이 힘들었습니다."

현재 내가 가진 것에 감사하고 행복하다면 세상을 바라보는 눈도 달라진다. 행복은 마음을 길들일 수 있는 마음 근육이다. 자꾸 행복하다고 생각하는 사람이 행복해질 수 있다. 순간순간 행복해야 그 순간이 모인 내 인생이 행복해지는 것이다. 행복은 갑자기 찾아오는 것이 아니기 때문이다.

돈과 행복이 정비례하지 않는다는 조사 결과가 나왔다. 백만장자들 가운데 재산이 늘어날수록 행복해진다는 사람은 절반에도 못 미쳤다는 게 주요 내용이다. 이유는 재산이 불어나면서 더 많은 고민이 생기는 탓이란다. 이들 백만장자의 10퍼센트는 언제 실패할지 모른다는 공포에 사로잡혀 늘 노심초사하고 있다고 한다. 돈의 노예가 따로 없는 셈이다.

행복의 크기는 사람마다 다르다. 행복의 의미를 어디에 두느냐
에 따라 달라지기 때문이다. 누구나 경제적 풍요를 바라지만, 이
외에도 우리가 너무 흔하게 접하고 있어 자칫 잊고 사는 것들이 의
외로 우리 주변에 너무도 많다. 매일 자신을 위해서 도움을 주는
사람을 떠올려 감사의 말로 사랑을 전해 보는 것도 행복의 시작이
다. 더 이상 타인과 비교하며 행복을 저울질하는 어리석은 행동은
하지 말자.

행복은
어디에서 오는가

나는 집에서 설거지 하는 아내의 콧노래 소리를 들을 때가 가장 행복하다.

"무슨 좋은 일이라도 있어?"

"아니, 아까 라디오에서 나온 노랫말이 맴돌아서."

매일 반복되는 일상에서 행복을 찾기란 쉽지 않을 수도 있다. 똑같은 일이지만 어떻게 마음을 먹느냐에 따라 무료한 일상이 되기도 하고 감사한 하루가 되기도 한다.

카이스트에서 '사단법인 밝은청소년'이 주최하는 '행복 토크쇼'가 진행되었다. 이날 연사로 강단에 오른 가수 타블로는 그동안 학력 위조 논란으로 힘들었던 당시의 심경을 이렇게 술회했다.

"지난 1년간 나는 어항 속에 갇힌 물고기 같았다. 사람들이 언제 어항 속 물고기가 거꾸로 떠오를지 지켜보는 것만 같았다. 나는 말하는 걸 좋아하는데 정말 힘들면 말문이 막히더라. 도무지 말할 기회를 주지 않았고 점점 벽이 만들어지는 느낌이었다."

그리고, 카이스트 신입생들을 향해 다음과 같은 조언도 아끼지 않았다.

"누구에게나 한 번씩 원인과 목적을 알 수 없고 견딜 수 없는 상황이 닥친다. 이러한 시련을 이겨 내야 하는 이유는 성공 때문이 아니라 행복해져야 하기 때문이다."

누구나 행복할 권리가 있다. 오해로 인해 행복과 잠시 멀어질 수도 있다. 그럴수록 힘내고 이겨서 행복할 기회를 만들어야 한다. 살아 있다는 것, 이보다 더 큰 행복이 있을까? 가끔 삶이 지루할 때 내일이 없는 사람들을 떠올려 보자. 우리에겐 내일이 있고 열심히 살아야 할 의무가 있다. 행복은 거창한 게 아니다. 우리 주위에 널려 있다.

3살짜리 조엘 스넨버그에게 불행한 일이 일어났다. 조엘은 자동차 연쇄 추돌 사고로 전신 85퍼센트에 화상을 입었다. 50여 차례 수술을 받은 그는 거의 2년을 병원에서 보내야 했다. 세상 밖으로 나온 뒤에도 불행하기는 마찬가지였다. 화상이 남긴 흉측한 외모 때문에 사람들과 어울리기도 쉽지 않았다.

그런 그를 변화시킨 건 끊임없이 그를 격려해 준 가족이었다. 발가락과 손가락은 없었지만 그는 축구 선수와 농구 선수로 활약했고 산악자전거와 클레이 사격도 즐겼다. 고등학생 때는 전교 학생 회장에 당선되기도 했다. 그는 그렇게 자신의 삶을 긍정적으로 바꾸어 나갔다. 훗날 그는 자신을 끔찍한 고통에 빠트린 사고 운전자에게 이렇게 말했다.

"저는 당신을 용서합니다. 증오심으로 남은 인생을 허비하지 않기 위해서입니다. 증오는 더 큰 고통을 낳을 뿐이니까요."

그렇다. 상대방을 용서하는 것은 진정 나 자신을 위해서이다.

이스라엘 출신의 에란 카츠는 '기억력 천재'로 유명하다. 500자리 숫자를 한 번 듣고 기억한다. 그러나 정작 그가 강조하는 것은 이러한 기예가 아니다. 그는 "기억 묘기는 필요할 때만 쓰고 평소에는 쓰지 않는다"고 말했다. 그는 오히려 용서의 의미, 망각의 중요성, 실수를 극복하는 법 등을 언급했다.

그는 기억하기만큼 잊어버리기가 중요하다고 본다. 좋은 기억이 들어설 공간을 만들기 위해서 나쁜 기억을 지우는 최고의 방법은 '용서'라고 말했다. 영어 단어 '용서하다(forgive)'와 '잊다(forget)'는 철자가 비슷하다. 에란 카츠의 말처럼 진정한 용서는 좋은 기억을 만드는 기본이라는 것을 명심하자.

교통사고로 한쪽 팔을 절단한 환자가 있었다. 사고로 잘려서 없는 팔에 통증이 너무 심해 마약성 진통제를 써도 낫지 않았다. 이런 통증을 환지통이라고 한다. 그래서 감정의 깊은 곳을 들어가 보니 사고를 일으킨 운전자에 대한 분노가 그 원인이었고, 이 분노를

236

자신의 잘린 팔의 통증으로 확인하고 있었던 것이다. 그래서 분노의 감정을 없애고 용서의 감정이 생기자 통증도 같이 사라졌다고 한다.

용서와 행복은 같은 성상에 있다. 가족이나 친구, 동료에게 분노가 있어 삶이 괴롭고 행복하지 않다면 그 사람에 대한 마음을 내려놓고 진심으로 용서하길 바란다.

어느 나라에 이제 막 결혼한 왕자와 공주가 있었다. 그들은 서로 사랑하며 행복하게 지냈지만 한 가지 걱정이 있었다. 지금은 더없이 행복하지만 시간이 지나고 나면 불행해질지도 모른다는 걱정이었다.

왕자와 공주는 깊은 산 속에 사는 현명한 사람을 찾아갔다. 현명한 사람은 왕자와 공주의 걱정을 듣더니 웃으며 말했다. "두 분의 행복을 영원히 지킬 수 있는 부적이 있습니다. 두 사람이 많은 곳을 여행하면서, 모든 면에서 행복한 가정을 이루고 있는 사람들을 찾으세요. 그 사람들의 속옷 조각이 바로 행복해지는 부적이랍니다."

왕자와 공주는 부적을 얻기 위해 여행을 떠났다. 먼저, 서로 아끼고 사랑하며 산다고 소문난 부부를 찾아갔다.

"당신들은 정말 행복해 보이는군요."

"하지만 우리에게는 아이가 없답니다. 그래서 그것이 걱정이지요."

이번에는 자식이 많은 늙은 부부를 찾아갔다.

"자식이 너무 많아 힘듭니다. 서로 사랑하며 살긴 하지만, 아이들 때문에 꼭 한 가지씩 힘든 일이 생기지요."

고생스러운 여행을 계속했지만 필요한 부적은 구할 수가 없었다. 지쳐서 고향으로 돌아온 왕자와 공주는 현명한 사람을 찾아갔다.

"부적을 찾지 못했어요. 우린 헛고생만 했답니다."

"정말 여행에서 아무것도 얻지 못했소? 잘 생각해 보시오."

왕자와 공주는 현명한 사람의 물음에 고개를 숙이고 생각에 잠겼다. "아니에요. 얻은 것이 있어요. 이 세상에 완벽하게 행복한 사람은 없다는 것을 알았어요."

왕자가 먼저 고개를 들고 소리쳤다.

"그리고 행복을 얻기 위해서는 모든 것에 만족하며 살아야 한다는 것도 배웠어요."

안데르센이 쓴 동화 〈행복해지는 부적〉에 나오는 왕자와 공주의 이야기이다.

진정 행복을 느끼며 살아가는 사람은 어떤 계기 때문에 기뻐하지 않는다. 생활 속의 모든 일과 변화를 온전히 받아들이며 사랑하기 때문에 행복하다. 행복을 얻기 위해서는 모든 것에 만족할 줄 알아야 한다. 만족하며 사는 마음. 이것이 세상에서 가장 행복해지는 비결이다.

도스토옙스키는 행복에 대해 이런 명언을 남겼다.

"어떤 사람은 자기는 늘 불행하다고 자탄한다. 그러나 이것은 자신이 행복함을 깨닫지 못하기 때문이다. 행복이란 누가 주는 것이 아니라 스스로 찾는 것이다."

행복은 멀리 있지 않다. 따뜻한 말 한마디와 부드러운 눈길로 시작된 관계가 결국에는 삶을 더욱 행복하고 풍요롭게 만든다. 배우자 입에서 콧노래가 나오도록 해 보자. 행복은 우리가 만드는 것이다.

행복은
생각보다 가까이에 있다

여기 한 사람이 있다. 그는 겨울이 되면 춥고, 밖에서 운전하기가 힘들다고 불평한다. 여름에는 땀이 나서 끈적끈적하다고 불평한다. 가을이 되면 단풍철이라 고속도로가 막힌다고 불평하고, 봄이 되면 집 안으로 들어오는 꽃가루 때문에 청소하기 힘들다고 불평한다. 언제나 불평과 불만을 이야기하는 불행한 사람이다.

여기 또 다른 사람이 있다. 그 사람은 이렇게 말한다.

"나는 겨울이 좋아! 흰 눈을 볼 수 있고, 눈꽃도 볼 수 있고, 스키장도 갈 수 있으니 행복해!", "봄이 오면 온갖 아름다운 꽃들을 볼 수 있어 좋아!", "여름은 내가 좋아하는 팥빙수도 먹고 해수욕을 할 수 있어 기뻐!", "가을엔 화창하고 선선한 날씨 덕분에 무엇을 하든지 좋아!"

행복한 사람은 여건 또는 환경에 관계없이 항상 행복해한다. 일이 생기면 기회가 주어졌다고 좋아한다. 고독하면 자유를 누리게 되었다고 좋아하고, 건강하면 일을 잘할 수 있다고 좋아하고, 병들면 조용히 기도할 수 있다고 좋아한다.

에이브러햄 링컨은 말했다. "사람은 행복하기로 마음먹은 만큼 행복하다."

행복해지고 싶다면 노력해야 한다. 집을 깔끔하게 정리하듯 마음에서 버릴 것은 버리고 간수할 건 간수해야 한다. 아름다운 기억과 칭찬의 말 등은 간직해도 좋지만, 필요도 없는 비난이나 고통의 기억은 쓰레기나 잡동사니 치우듯이 과감히 버리는 것이다.

반드시 넓고 좋은 집에서 살고 좋은 차를 소유해야만 행복한 것은 아니다. 행복은 그리 거창한 것이 아니다. 사실 어디서나 발견할 수 있다. 다만 그 행복을 느끼느냐 못 느끼느냐에 따라 그 가치가 달라질 뿐이다.

독일의 신비주의자 타울러Johannes Tauler가 하루는 거지를 만나서 말했다.

"친구여, 오늘도 안녕하십시오."

그러자 거지는 이렇게 대답했다.

"나는 하루도 안녕하지 않은 날이 없었습니다."

타울러는 다시 거지에게 말했다.

"그러면 행복하기를……."

그러자 거지는 이렇게 대꾸했다.

"난 불행해 본 적이 없어 하나님께 감사합니다."

타울러는 깜짝 놀라 휘둥그레진 눈으로 물었다.

"아니, 그것이 무슨 뜻입니까?"

거지는 웃으며 그에게 대답했다.

"날이 좋으면 감사하고, 비가 내려도 감사하고, 먹을 것이 넉넉하면 감사하고, 배고파도 하나님께 감사했습니다. 하나님의 뜻이 나의 뜻이요. 하나님을 기쁘게 하는 것은 무엇이든 나를 기쁘게 합니다. 그러니 제게 무슨 불행이 있겠습니까?"

타울러는 더욱 놀라서 물었다.

"대체 당신은 누구십니까?"

그러자 거지는 연신 미소를 지으며 말했다.

"나는 왕이요."

타울러는 자꾸만 알 수 없는 말을 하는 거지에게 큰 소리로 물었다.

"그러면 당신의 나라는 어디에 있소?"

거지는 이 한 마디를 남기고는 천천히 걸어갔다.

"내 마음속에 있소."

가진 것이 넉넉하지 않아도 행복하게 살아가는 사람들이 있다. 행복을 외부에서 찾으려 하지 않고 자신의 마음속에서 찾았기 때문이다.

우리는 살아가면서 소중함과 귀중함의 가치를 내면보다는 외면의 화려함 속에서 찾으려고 한다. 그래서 물질적으로 얼마만큼 소유하고 있는지에 관심을 둔다. 하지만 이런 행복은 그리 오래가지 못한다. 우리가 필요로 하는 행복은 어린 왕자가 말했듯이 물 한 모금, 풀 한 포기에서 찾을 수 있다. 마음속에 가득 차 있는 이기심이나 욕심을 버릴 때 비로소 행복을 느낄 수 있다.

많은 사람들이 느끼지 못하지만 우리 주위에는 사실 행복이 넘쳐 난다. 다만 그 행복을 깨닫지 못한 채 먼 곳에서 찾으려고 한다. 어떤 사람은 아침에 눈을 뜰 때 살아 있다는 것만으로도 행복을 느낀다. 또한 직장에서 일의 즐거움과 보람을 느낄 때마다 행복하다고 여기는 사람도 있다. 사랑하는 사람과 함께하는 시간 속에서 달콤한 행복을 맛볼 수도 있다. 이외에도 우리에게 행복을 느끼게 해주는 것은 헤아릴 수 없을 정도로 많다. 누군가의 표현처럼, 그냥 손을 뻗어 잡기만 하면 되게끔 우릴 기다리고 있는 게 행복이다.

오늘은 살아 있는 동안 매일 우리에게 주어지는 소중한 선물이다. 행복은 생각보다 가까이에 있다. 오늘이라는 소중한 선물을 받은 우리는 마땅히 행복을 누릴 권리가 있다.

우리는 행복을 자신의 안주머니 속에 넣어 놓고도 언젠가는 행복해지리라 믿으며 힘겨운 하루하루를 보내고 있다. 학교를 졸업하고 나면, 좋은 직장에 들어가면, 결혼을 하면, 열심히 일해서 일찍 승진하면, 빚을 다 갚으면 행복해질 것이라고 늘 자신에게 주문을 건다. 우리는 이렇게 인생의 각 단계에서 '지금 이 시기를 벗어나면' 행복해질 것이라고 말한다. 그러는 가운데 인생은 흐르는 강물처럼 계속해서 흘러가고 이마에 주름살도 늘어 간다.

인생에는 항상 어려운 도전이 넘쳐 나기 마련이다. 불안과 걱정을 없애고 행복해지고 싶다면 문제나 어려움보다 현재 누리고 있는 축복을 생각하면 된다. 어떤 상황에서도 행복해지기로 마음먹으면 된다. 이것이 행복한 삶을 살기 위한 최선의 방법이다. 행복을 움켜잡기에 '지금'보다 더 나은 때는 없다.

행복은 거창한 게 아니다. 평소 아무 생각 없이 습관처럼 해 온 모든 것들이 그 자체만으로 행복인 것이다. 작은 것에 감사할 줄 안다면 우리는 희망을 잃지 않고 매 순간 행복을 깨달을 수 있다. 이런 마음을 항상 유지하게 되면 불행이 끼어들 틈이 없다. 어떠한 고난 속에서도 잘될 거라는 긍정적인 믿음은 자신의 삶을 환하게 비추는 등불과 같기 때문이다.

행복은 그리 멀리 있는 게 아니다. 아주 가까이에, 내가 미처 깨닫지 못하는 곳에 존재한다. 고요하게 흐르는 물줄기처럼 마음속에 부드럽게 흘러가는 편안함이 있다면 바로 그것이 행복이다. 작은 것에서 행복을 찾을 수 있다면 늘 행복을 느낄 수 있다. 작은 미소 하나가 열 사람을 행복하게 할 수 있다는 걸 늘 기억해야 하지 않을까.

성장의 답은
나 자신에게 있다

　　과거의 나는 '루저'였다. 가난한 집안 사정과 자주 다투는 부모님 밑에서 자존감은 무너진 채로 고통의 시간을 보냈다. 집안에서와 마찬가지로 학교에서도 나는 존재감 없는 사람이었다. 쉬는 시간이면 친구들과 어울리기보다는 복도 창가에서 혼자 시간 보내는 것을 더 좋아했다. 또래에 비해 유독 감수성이 예민했던 탓에 사소한 말에도 쉽게 상처를 받았다. 어쩌면 상처를 받지 않기 위해 또래들과 어울리기보다 혼자 있는 쪽을 택했는지도 모르겠다. 지난 십 대 시절을 떠올리면 무섭고 외로웠던 기억밖에 없는 듯하다. 나는 하루에도 몇 번씩 내가 싫었다. 가난한 부모를 둔 내가 싫었고, 평범한 외모에 아무런 꿈도 없는 내가 싫었다.

　　어릴 적 상처가 한 사람에게 미치는 영향은 우리가 상상하는 것 이상으로 치명적이라는 사실을 나는 나의 상처를 치유하면서 알게 되었다. 인생을 살다 보면 이런저런 불행한 경험을 하게 된다. 하지만 어린 시절의 상처는 청소년기 이후에 생기는 상처와는 비교가 되지 않을 정도로 치명적이다. 내가 자란 환경이 그래서인지 나를 찾아오는 내담자들도 유독 가정사로 힘들어하시는 분들이 많다. 어느 내담자는 아버지가 술만 마시고 오면 무릎을 꿇게 하고 몇 시간이고 훈계를 늘어놓는 것 때문에 많은 상처를 입었다고 토로한 적이 있다. 어른들은 무심코 한 행동이 아이들에게는 상처가 될 수 있다.

프로이트Sigmund Freud는 이렇게 말했다.

"만약 그의 자아가 약하고 미성숙하고 저항 능력이 없다면, 나중에는 놀이하듯이 해결할 수도 있을 그런 과제를 처리할 수 없다는 것은 놀라운 일이 아니다. 분열하려는 핵 세포를 바늘로 찌를 때와 이로부터 발전되어 나온 성숙한 동물을 바늘로 찌를 때, 그 효과의 차이를 생각해 보면 된다."

시련이 닥치면 사람들은 두 부류로 나뉜다. 첫 번째 부류는 '왜 하필 나에게 이런 시련이 닥친 거지'라며 자신을 비롯해 부모님과 주위 사람들 그리고 환경 탓을 한다. 시련을 극복하기 위해 노력하기보다 달아날 핑계를 떠올린다. 그러나 두 번째 부류는 다르다. '이 시련을 잘 극복하면 분명 좋은 일이 있을 거야'라고 긍정적으로 생각한다. 최선을 다해 지금의 시련을 극복하기 위해 노력하면서 시련 속에 감추어진 교훈을 찾는다. 그리하여 두 번 다시는 같은 어려움에 처하지 않는다.

세상에 나를 이기는 시련은 없다. 신은 우리가 감당할 수 있는 시련만 주시기 때문이다. 많은 사람들이 시련 앞에 굴복하고 좌절하는 것은 시련과 맞서 싸우기보다 지레 겁먹은 나머지 포기하기 때문이다.

스티브 잡스Steve Jobs는 "인생을 더욱 가치 있게 해 주는 것은 시련"이라고 말했다. 그리고 2005년 스탠퍼드대학 졸업식에서 다음과 같이 말했다.

"제가 애플에서 해고당하지 않았다면 결코 지금과 같은 성공을 이루지 못했을 것입니다. 때로는 인생이 여러분의 뒤통수를 내리치더라도 결코 믿음을 잃지 마십시오. 제 일을 사랑했기 때문에 계속해서 할 수 있었다고 확신합니다."

자신이 설립한 회사에서 해고당한 것은 누가 보더라도 인생의 큰 시련이다. 하지만 스티브 잡스는 이런 큰 역경을 고난으로 보지 않고 마음을 더욱 단단히 고쳐먹고 믿음으로 다시 일어섰다.

자신의 한계는 자신이 만든다. 사람뿐만 아니라 동물도 마찬가지다. 유리병 속에 갇혀 있던 벼룩은 왜 더 높이 뛰어오르지 않을까? 연이어 유리 뚜껑에 부딪히면서 자신의 한계를 인정했기 때문이다. 한계를 인정하면서부터는 뚜껑에 부딪히지 않을 정도로만 뛰어오른다. 그래서 유리 뚜껑이 제거되어도 때도 뛰어오르지 않는 것이다.

248

어릴 때부터 사슬에 묶여 있던 코끼리는 커서도 사슬을 끊지 못한다. 탈출하려고 발버둥 쳤지만 아프기만 했던 어릴 적 기억이 너무나 강하기 때문이다. 덩치가 커지고 힘이 세졌는데도 묶인 채로 사는 것이 당연하다고 여긴다. 사슬이 절대적인 존재가 된 것이다. 사슬을 끊지 못하는 것이 아니라 사슬에 묶여 있다는 사실 자체를 인식하지 못하는 것이다. 우리의 잠재력을 막는 가장 큰 적은 자신의 능력에 한계를 짓는 생각과 행동이다

《돈키호테》를 쓴 세르반테스Miguel de Cervantes. 그는 작가가 될 때까지 숱한 시련과 역경의 세월을 보내야 했다. 가난한 집에서 자란 제대로 된 교육도 받지 못했다. 24살에 해전에 참전해 왼쪽 팔에 상처를 입고 불구가 되기도 했다. 28살에는 포로가 되어 5년 동안이나 고생했다. 그는 38살 때부터 본격적으로 희곡을 썼지만 전혀 팔리지 않아 극심한 생활고를 겪어야 했다. 그러다 그는 생활고에서 벗어나기 위해 세금 징수관이 되어 지방으로 돌아다니는 신세가 되었다. 하지만 영수증을 잘못 발행하는 바람에 감옥에 가기도 했다. 세르반테스는 이런 시련과 역경 속에서도 묵묵히 글을 써나갔다. 그리하여 마침내 1605년 《돈키호테》를 완성할 수 있었다. 그때 그의 나이 58세였다. 그렇게 세상에 나온 《돈키호테》는 세르반테스를 위대한 작가로 만들었다. 만일 세르반테스가 시련과 역경을 극복하지 못했다면 그는 세계적인 작가의 반열에 오를 수 없

었을 것이다.

오페라 가수 폴 포츠Paul Potts. 과거에 그는 영국 남부 웨일스에서 휴대 전화를 파는 평범한 남자였다. 어린 시절 그는 외모로 인해 왕따를 당했기 때문에 마음고생이 심했다. 못생긴 외모 외에도 어눌한 말투와 악성 종양, 교통사고 후유증, 카드 빚 등 여러 악조건을 안고 있었다. 그런 상황에서도 오페라 가수라는 자신의 꿈은 잊지 않았다.

어느 날 그는 용기를 내어 〈브리튼스 갓 탤런트Britain's Got Talent〉의 문을 두드렸다. 남루한 정장에 불룩하게 튀어나온 배, 부러진 앞니, 자신감 없어 보이는 표정은 보는 사람마저 실망하게 만들었다. 그러나 잔뜩 긴장해 뻣뻣하게 경직되어 있던 그에게서 전혀 상상하지 못한 목소리가 흘러나왔다. 심사위원들은 물론이고 방청객 모두 놀라움에 박수와 탄성을 쏟아 냈다. 폴 포츠의 성공은 기적이 아니다. 그는 열여섯 살 때 한 오페라 가수의 노래를 듣고 큰 감동을 받았다. 돈을 모아 유학을 다녀오고 오페라 가수가 되기 위해 십 년이 넘는 세월 동안 매일같이 노래 연습을 했다. 폴 포츠의 성공은 지독한 노력의 결과다.

인생을 새롭게 설계하는 일은 충분히 가능한 일이다. 역경을 견디는 힘은 오직 자신에게 있다. 다시 말해서 성장의 답은 나 자신

에게 있다는 것이다. 힘든 상황일수록 더욱 빛나는 존재가 되어야

하는 이유다. 언제라도 꿈을 잃지 말고 달려 나가길 바란다.

흔들리지 않고
피어나는 꽃은 없다

한 송이의 꽃을 피우기 위해서는 세심한 관심과 보살핌이 있어야 한다. 제때 물을 주어야 함은 물론이고 거친 비바람에 꽃나무가 다치지 않도록 살펴야 한다. 이처럼 한 송이의 꽃에도 많은 관심과 정성이 깃들어 있다. 그렇기 때문에 꽃이 필 수 있는 것이다.

우리가 바라는 행복도 한 송이의 꽃과 별반 다르지 않다. 행복해지고 싶다면 스스로 노력해서 행복의 꽃을 피우도록 노력해야 한다. 일상생활에 희망과 자신감으로 행복의 씨앗을 심어야 한다. 하지만 때로 거친 비바람이 불듯이 우리에게 시련이 닥치기도 한다. 그렇다고 해서 쉽게 절망하거나 무너져서는 안 된다. 어떤 시련도 언제까지나 머물러 있지는 않기 때문이다. 그리고 무엇보다 거친 비바람을 견뎌 낸 꽃나무가 더욱 향기로운 꽃을 피우듯이, 시련도 사람을 한층 더 성숙하게 해 준다.

아름답고 향기로운 꽃을 피우길 소망한다면 거친 비바람을 사랑할 수 있어야 한다. 그렇듯이 더욱 눈부시고 행복한 삶을 살기를 바란다면 지금의 시련을 참고 이겨 내야 한다.

　흔들리지 않고 피는 꽃이 어디 있으랴

　이 세상 그 어떤 아름다운 꽃들도

　다 흔들리면서 피었나니

　흔들리면서 줄기를 곧게 세웠나니

　흔들리지 않고 가는 사랑이 어디 있으랴

　젖지 않고 피는 꽃이 어디 있으랴

　이 세상 그 어떤 빛나는 꽃들도

　다 젖으며 젖으며 피었나니

　바람과 비에 젖으며 꽃잎 따뜻하게 피웠나니

　젖지 않고 가는 삶이 어디 있으랴

　도종환 시인의 〈흔들리며 피는 꽃〉이다. 그렇다. 사람은 누구나 흔들리기 마련이다. 살다 보면 때때로 젖기도 한다. 흔들리고 젖는다 해서 포기하면 안 된다. 요즘 어디를 가나 누구를 만나나 힘들다는 소리뿐이다. 세계가 힘드니 나라가 힘들고 나라가 힘드니 또 내가 힘들다. 주저앉고 싶은 마음이 하루에도 수십 번이다. 하지만 이렇게 주저앉을 수는 없다. 나만 힘든 것은 아니다. 고진감래苦盡甘來라는 말도 있지 않은가. 비록 흔들리고 젖더라도 끝까지 포기하지 않고 뛰다 보면 분명 좋은 일이 생길 것이다.

1996년 어느 여름날 밤이었다. 어둠을 밝히는 횃불을 들고 한 사나이가 애틀랜타 올림픽 경기장 안으로 들어왔다. 비대해진 몸으로 힘겹게 달리는 그는 세계 복싱의 역사를 바꾼 전 헤비급 권투 선수 무하마드 알리Muhammad Ali였다. 세계인의 축제 올림픽 성화의 마지막 주자인 알리는 삼십여 년 전 눈물을 삼키며 올림픽 무대를 떠났었다.

캐시어스 클레이Cassius Clay는 미국에서도 가장 인종 차별이 심했던 미국 켄터키 주에서 흑인으로 태어났다. 동네 험악한 깡패로부터 자신을 보호하기 위해 열세 살 때부터 복싱을 배웠다. 1960년 그는 로마 올림픽에 출전해 18살이라는 어린 나이에도 불구하고 라이트 헤비급 금메달을 목에 걸었다.

그는 조국을 위해 큰일을 해냈다는 자부심으로 들떴지만 미국인의 반응은 냉담했다. 올림픽이 끝난 뒤 그는 백인 전용 레스토랑에서 식사를 하려다 흑인이라는 이유로 쫓겨났다. 클레이는 아무리 뛰어난 능력을 가지고 있어도 자신은 영원히 흑인임을 뼈저리게 느꼈다. 그는 조국을 위해 땄던 올림픽 금메달을 허드슨 강에 던져 버렸다. 그리고 다시는 올림픽 무대에 서지 않았다.

클레이는 4년 뒤 소니 리스튼Sonny Liston을 꺾고 새로운 헤비급 챔피언에 등극했다. 그는 경기 직후 인터뷰에서 자신이 이슬람교

도임을 자랑스럽게 밝혔다. 또한 흑인으로서 당당히 살아갈 것이라며 자신을 이집트 마지막 왕조 창시자인 '무하마드 알리'로 불러 달라고 했다.

그 뒤 21년 동안 세계 최고의 자리에 있으면서 그는 링 위에서뿐만 아니라 링 밖에서 인종 문제, 전쟁, 각종 인권 문제와 맞서 싸우며 더 많은 사랑을 받았다.

무하마드 알리처럼 생각지도 못한 곳에서 불행이 닥쳐올 수 있다. 타인의 냉담함에 기죽지 말고 자신의 소신대로 펼쳐 나가면 된다.

나무는 비가 오나 눈이 오나 주변 환경에 흔들리지 않고 언제나 그 자리를 지킨다. 우리에게도 나무와 같은 의연함이 필요하다. 하지만 사람들은 작은 상처에도 쉽게 불안해하고 초조해한다. 그리고 자신에게 상처를 준 사람을 원망한다. 하지만 다른 사람을 원망할수록 상처는 날카로운 송곳이 되어 자신의 가슴을 파고들 뿐이다. 삶은 언제나 그 자리에 있다. 다만 우리가 세파에 이리저리 흔들리는 것이다. 척박한 땅에서도 꽃은 핀다. 절망 속에도 희망은 있다. 오히려 척박한 땅에서 피어난 꽃이 더 향기롭고, 절망 속에서 찾은 희망이 더 값지다. 희망은 언제나 마음속에 있다.

노벨 문학상 수상자이자 인권 운동가인 펄벅Pear Buck은 이렇게 말했다.

"힘은 희망을 가진 사람들에게 주어지고, 용기는 가슴속의 의지에서 일어나는 것이다."

희망은 가슴속에 씨앗으로 숨어 있다. 희망의 씨앗을 꺼내서 줄기를 말아 올리고 잎을 틔우고 꽃을 피워야 한다. 이 일은 어느 누구도 도와줄 수 없다. 오로지 자신만이 할 수 있다.

가난한 집에서 태어나 아무 꿈 없이 어릴 때부터 술과 향락에 빠져 살던 한 남자가 있었다. 성인이 되어서도 정신을 차리지 못하고 알코올 중독으로 노숙자 생활까지 하게 되었다. 그야말로 밑바닥 인생을 살았다. 그러다가 서른 살 즈음에 그는 정신이 번쩍 들었다. 그래서 검정고시로 고졸 자격을 따고 방송통신대에 진학했다. 그리고 결혼도 해서 아파트 관리 사무소, 어린이집 등에서 일하며 평범한 삶을 사는 듯했다.

그러나 경제 위기로 인해 갑작스럽게 일자리를 잃고 그는 다시 방황하기 시작했다. 다시 술을 마셨고 가정불화가 생겨 결국은 이혼까지 하게 되었다. 그의 삶은 다시 나락으로 빠져들었다. 일용직으로 근근이 생활을 해 오던 그가 그것도 버티지 못하고 다시 노숙자로 돌아온 지 2년, 노숙자 쉼터에 들어가게 되면서 그의 인생에 다시 기회가 찾아왔다.

노숙자 자활 사업으로 다른 노숙자 두 명과 함께 두부 공장을 시작하게 되었다. 그는 마지막 기회라고 생각하고 열심히 일했다. 그러나 8평 남짓한 두부 공장에 낡은 기계로 만든 두부는 상품성이 없었다. 그는 또 좌절했다. 그러다가 독한 마음을 먹고 제대로 두부 만들기에 나서 보기로 결심했다. 좋은 재료와 기술을 찾아 이리저리 뛰어다녔다. 그의 노력에 하늘도 감동했는지 결국 그가 만든 두부는 맛과 정성이 담긴 두부라는 입소문이 퍼져 식당에 팔 수 있게 되었다. 그의 노력을 지켜본 쉼터에서는 그에게 두부 공장을 맡아달라고 했고 그는 정식으로 사업을 시작했다. 얼마 후 그의 두부 공장은 정부의 인정을 받아 자활 공동체로 독립하게 되었고, 그가 정식으로 대표를 맡게 되었다. 지금 그는 자신의 힘들었던 때를 생각하며 빈민층 사람들을 직원으로 채용하고, 어려운 이웃을 도우며 새로운 인생을 살고 있다.

누구나 절망할 수는 있다. 그러나 절망 앞에서 포기하고 푸념만 늘어놓는다면 더 깊은 나락으로 떨어질 뿐 해결되는 것은 하나도 없다. 스스로 헤쳐 나가려는 의지만 있다면 어떤 역경도 이겨 낼 수 있다는 것을 그는 보여 주고 있다.

희망의 꽃은 지독한 절망 속에서 피어난다고 했던가. 그렇다면 절망을 희망으로 바꾸기 위해서는 어떻게 해야 할까? 생각을 바꾸면 된다. 어제나 오늘이나 상황은 크게 다르지 않다. 그러나 그 상황을 어떻게 보고 행동하느냐에 따라 인생은 달라진다. 우리 마음속에 동서남북이 다 들어 있다. 결국 모든 일은 마음먹기에 달려 있다.

괜찮아,
이제 시작이야

중학생 시절에 내 고민을 끝까지 들어 주는 한 친구가 있었다. 친구들 사이에서 고민 해결사로 불리는 친구였다. 어떤 고민이 있어도 그 친구에게 고민을 털어놓으면 마음이 한결 가벼워졌다. 또래보다 덩치도 크고 성숙한 친구였다. 그 친구는 친구들 얼굴 표정만 봐도 무슨 고민이 있는지 쉽게 알아차렸다.

"일교야, 얼굴 표정 보니까 무슨 고민 있는 것 같은데?"

"아, 아냐. 그런 거 없어."

"얼굴에 다 쓰여 있어. '고민 있음'이라고. 내 별명이 고민 해결사 아니냐. 뭔지 말해 봐."

"그게……, 우리 부모님 이혼하실 것 같아. 며칠 전에 부모님이 크게 다투셨는데, 어머니가 아버지에게 이혼하자고 말씀하시는 걸 들었어. 정말 부모님이 이혼하시면 어떡하지? 마음이 혼란스럽고 공부도 눈에 안 들어오고 정말 힘들다."

"그런 일이 있었구나. 많이 힘들었겠다."

그 친구는 나의 어깨를 툭 치며 말했다.

"너무 걱정하지 마. 지금 이혼하신 것도 아니잖아. 부모님이 다른 때보다 심하게 다투셨다고 생각해. 우리 부모님도 가끔 다투시면 이혼하자는 말씀 하셔."

이렇게 얘기한다고 해서 고민이 해결되는 것은 아니지만 친구와 고민을 공유하고 나면 한결 마음이 편안해졌다.

지금은 울고 있는 '내면아이'를 치유해서 그때의 아픈 기억이 아련하지만, 그 당시에는 정말 무섭고 불안했다. 그렇게 불안한 가정 내에서 자란 것 때문인지 나를 찾는 내담자들도 가정 내에서 이루어지는 문제로 의뢰를 많이 한다.

현재 나는 '고민 들어주는 한 남자의 이야기'라는 블로그를 운영하며, 중학교 때 나의 고민을 잘 들어 주던 친구처럼 이제는 내가 다른 사람의 심리 치유 상담을 하고 있다. 상담은 고민을 해결하는 작업이 아니다. 자신을 확인하는 작업이다. 자신의 이야기를 하고 자신의 마음을 말하면서 자신의 '존재'를 알아차리게 된다.

삶에는 무수히 많은 장애물이 존재한다. 성공한 사람들을 보면 장애물이 존재한다는 사실을 일찍 받아들이고 자신이 할 수 있는 한 최선을 다하며 살았다는 것을 알 수 있다.

스티븐 호킹Stephen Hawking 박사는 스물한 살 젊은 나이에 루게릭병으로 전신 마비 증세를 얻었다. 단 한 번이라도 호킹 박사의 눈을 가까이에서 바라본 사람은 놀랄 수밖에 없다. 그의 눈에는 불행의 흔적이 없다. 런던 올림픽 오프닝에서도 호킹 박사는 정말 감동스러운 말을 했다.

"삶이 아무리 힘들더라도, 모든 사람들에게는 특별한 것을 이루어 낼 힘이 있습니다. 인간은 모두 다 다릅니다. 표준화, 평준화된 인간이란 없습니다. 인간에게 한계가 없다는 것만큼 큰 축복이 어디 있겠습니까? 그러니 힘들다고 땅을, 발을 내려다보지 말고 별을 올려다보십시오."

나는 어릴 적 매사에 자신감이 없었다. 자신감은 자존감에서 비롯된다. 자존감이란, 말 그대로 '자기 스스로를 존중하는 마음'을 뜻하기 때문에 어린아이에게 자존감만큼 중요한 것은 없다. 공부는 물론이고 자존감은 사회성에도 많은 영향을 미친다.

자존감이 낮은 이유는 부모로부터 관심과 애정, 존중을 받지 못했기 때문이다. 나 또한 그랬다. 경제적으로 어려웠던 집안 형편뿐만 아니라, 자주 다투는 부모 밑에서 키워 온 불안한 마음은 고스란히 자존감에도 악영향을 미쳤다. 낮아진 자존감을 높이기란 쉽지 않았다. 자신을 있는 그대로 보는 연습을 하고, 어떤 조건에서도 나를 사랑하려고 노력했다. 부모님으로부터 관심과 애정을 받지 못했기 때문에 그것을 상쇄하고자 스스로를 더 사랑하려고 노력했던 것이다.

자존감이 낮은 사람들의 특징은 대개 이렇다.

시련이 닥치면 피하려고 한다. 기쁠 때는 행복해하지만, 가까이 있는 사람이 슬프거나 아프면 함께하기보다 회피하려고 한다. 쉽게 짜증을 내고 화를 내며 불안해한다. 타인의 말에 쉽게 상처 받기 때문에 상처 받지 않으려는 자기방어적 수단으로 분노를 사용한다. 항상 마음이 공허하기 때문에 다양한 중독에 빠지기 쉽다. 자존감이 낮은 사람은 어떤 일을 새롭게 시작하기가 어렵다. 왜냐하면 일을 시작할 용기와 자신에 대한 믿음이 없기 때문이다.

'총알 탄 사나이' 칼 루이스Carl Lewis가 세계적인 육상 선수가 된 데는 그만한 이유가 있었다. 그가 살았던 도시는 교통 상황이 너무 나빠 '교통 지옥'이라 불릴 정도였다. 그래서 그는 언제나 오토바이를 타고 다녔다. 그런데 어느 날 도둑이 그의 오토바이를 훔쳐가고 말았다. 그 일이 있은 후 다시 자전거를 샀지만, 그것마저 도둑맞았다. 화가 난 칼 루이스는 다시는 오토바이를 사지 않겠다고 다짐하고 12킬로미터나 되는 먼 길을 매일 뛰어다녔다. 출근 시간과 퇴근 시간을 합해 하루 24킬로미터를 매일 달렸다.

그는 훗날 올림픽에서 금메달을 획득한 후 인터뷰에서 이렇게 말했다.

"어느 도둑도 달리기만은 훔쳐 갈 수 없었다."

매일 그렇게 달린 결과, 그는 세계 제일의 달리기 선수가 될 수 있었다. 불가피한 상황을 기회로 이용한 것이다.

영국의 극작가 조지 버나드 쇼George Bernard Shaw는 "젊음을 젊은이에게 주기에는 너무 아깝다"고 했다.

하지만 우리는 젊었을 때는 이 사실을 망각하고 산다. 성적이 조금만 떨어져도 비관하고, 연인 사이에 문제가 생겨도 쉽게 아파하고 괴로워한다. 참고 기다리고 인내하는 모습을 보기가 어렵다.

김난도 교수는 《아프니까 청춘이다》라는 책에서 '인생시계'에 대해 말한다.

"인생시계의 계산법은 쉽다. 24시간은 1,440분에 해당되는데, 이것을 80년으로 나누면 18분이다. 1년에 18분씩, 10년에 3시간씩 가는 것으로 계산하면 금방 자기 나이가 몇 시인지 나온다. 20세는 오전 6시, 29세는 오전 8시 42분이다. 이 시계는 현재 한국인의 평균수명인 80세를 기준으로 했으니, 앞으로 평균수명이 늘어나는 만큼 그대의 인생시각은 더 여유로워질 확률이 높다. 그렇다 우리는 늦지 않았다. 인생시계에 자신의 나이를 적용해 보면 그리 늦지 않다는 것을 쉽게 알 수 있다."

"나는 너무 늦었어!"라고 단정 짓는 것은 자기기만이다.

시오노 나나미의 《로마인 이야기》라는 책은, 내가 20대 시절 연이어 취업에 실패하고 연인과 헤어지는 등 깊은 좌절에 빠졌던 나를 건져 올린 동아줄이었다. 그 책에 이런 구절이 나온다.

"로마를 로마로 만든 것은 시련이다. (중략) 전쟁에 이겼느냐 졌느냐보다 전쟁이 끝난 뒤에 무엇을 어떻게 했느냐에 따라 나라의 장래가 결정된다."

중요한 것은 시련 자체의 냉혹함이 아니다. 그 시련을 대하는 나의 자세다. 살면서 인생의 크나큰 시련을 맞이했다면 그 깊이 모를 시련이 바로 그대의 힘이 된다.

위기에 빠져 고통 속에서 하루하루를 보내는 사람들이 많다. 이들 가운데 다시 일어서기 위해 안간힘을 쓰는 사람이 있는가 하면 괴로움 속에서 그냥 사는 사람도 있다. 그러나 지금 현실이 절망스럽다고 해서 세상이 끝난 것처럼 살아선 안 된다. 밤이 가면 아침은 분명 찾아온다. 꿈꾸고 노력하지 않는 사람에게 달콤한 인생이란 없다. 자, 지난날을 어떻게 보냈든 상관없다. 이제 시작일 뿐이다.

`˙˙ 내면아이치유 전문상담사가 전하는`

확언으로 원하는 삶 살기

"내가 하는 게 그렇지 뭐. 나는 왜 만날 이 모양이지!"

이처럼 우리 주위에는 부정적인 말을 함으로써 실패의 삶을 사는 사람들이 있다. 우리가 부정적인 것을 생각하고 말로 그것에 생명을 부여하면 우리 행동도 그렇게 따라가게 된다. 우리가 무심코 하는 생각, 특히 말을 신중히 해야 하는 이유가 바로 이 때문이다. 말은 씨앗과 같다. 입 밖으로 나온 말은 우리의 무의식이라는 땅에 심겨 생명을 얻는다. 작은 방향키가 배 전체의 방향을 통제하듯, 우리의 혀도 우리 삶의 방향을 결정한다. 그렇기 때문에 습관적으로 부정적인 말을 내뱉는 사람은 불행한 삶을 살 수밖에 없다.

《물은 답을 알고 있다》의 저자 에모토 마사루는 이렇게 말한다.

"물이 글자를 읽고 그 의미를 해석해 결정의 모양을 바꾼다. 이 실험을 통해 우리가 일상에서 쓰는 말이 얼마나 중요한지 알게 되었다."

일본에는 말에 혼이 깃들어 있다는 '고토다마言靈' 사상이 있는데, 말하는 것 자체가 세상을 바꾸는 힘을 갖고 있다는 사고방식이다. 말은 그 사람의 마음을 나타낸다. 어떤 마음으로 인생을 사느냐가 몸의 70퍼센트를 차지하는 물을 바꾸고, 그 변화는 몸에 그대로 나타난다.

건강한 몸을 가진 사람은 마음도 건강하다. 말 그대로 건전한 정신은 건전한

264

육체에 깃든다. 이렇듯 우리는 자신이 무심코 내뱉는 말과 비슷한 인생을 살게 된다. '돈이 없어', '여유가 없어', '따분해', '짜증나'와 같은 부정적인 말을 자주 하는 사람은 말 그대로의 삶을 누리게 된다. 그런 말을 고치지 않으면 그 사람은 평생 변하지 않은 채 지금처럼 살 것이다. 말은 그 사람의 사고방식을 나타내기도 한다. 감정 상태는 물론 가정 환경이나 학력, 성격까지 그대로 반영된다.

미국의 심리학자이자 철학자인 윌리엄 제임스William James는 '인생은 생각의 결과'라고 했다. 누구든 자신이 생각한 대로 살아가게 된다는 뜻이다. '인생은 괴롭고 힘든 것'이라고 생각하는 사람은 실제로 인생을 힘들게 살아간다. 사람은 살면서 다양한 일을 겪는다. 그것을 어떻게 받아들이느냐에 따라 결과는 천지 차이다.

이제 막 서른 살이 된 여성 두 명이 있다. 두 사람은 모두 독신으로 같은 회사에서 같은 일을 하며 지낸다. 하지만 기질이나 성격은 정반대다. 서른 살이 되자 두 사람은 각자 자신의 나이에 대해 생각하게 되었다. 한 사람은 이렇게 말했다.

"이런 벌써 서른 살이라니, 내 인생은 이제 끝난 거야. 눈꼬리에 주름이 생기기 시작하는데 아직 만나는 남자도 없고……. 이제 늙어 가는 일만 남았구나."

그러자 옆에 있던 사람은 이렇게 말했다.

"무슨 소리를 하는 거야. 이제 겨우 서른이라고. 인생은 지금부터 시작이야. 결혼도 할 거고 아이도 둘은 낳아야지."

둘 다 같은 상황에 있지만 사고방식은 무척 달랐다. 한 명은 비관적인 반면에 또 다른 한 명은 낙천적이었다. '벌써 서른 살', '겨우 서른 살'이라는 말이 큰 차이를 만들었다. 어느덧 십 년이 지나 두 사람은 마흔 살이 되었다. 이 두 사람은 어떻게 변했을까? '벌써'라고 말한 여성은 여전히 독신으로 살고 있었고, '겨우'라고 말한 여성은 오 년 전에 결혼해서 두 아이의 엄마가 되었다. 이 두 여성의 차이는 어디에 있을까? '벌써'와 '겨우'의 차이라고 해도 과언이 아니다. 이처럼 평상시 무심코 던지는 말이 삶의 모습을 완전히 바꿔 버린다.

우리 인생은 고난의 연속이다. 이 고난을 어떻게 받아들이고 대처하느냐에 따라 시련 속에 갇히거나 시련을 이겨 낼 수 있다. 반드시 입을 단속해야 할 때가 있다면 바로 시련의 순간이다. 마음에 심한 상처를 입어 괴롭고 힘들 때, 특히 부정적인 태도와 말을 조심해야 한다. 우리의 무의식은 우리의 말을 사실로 받아들이기 때문이다. 현재의 삶이 힘들고 괴로운 것은 자신이 그동안 해 왔던 생각과 말이 부정적이었다는 뜻이다. 현재의 삶을 개선하기 위해 의도적으로 긍정 확언을 해야 한다.

간절한 마음으로 무엇인가를 끊임없이 말하면 우리는 그 말을 이루기 위해 무의식적으로 노력하게 된다. 아침에 눈을 뜨자마자 거울을 보고 이렇게 말해 보자.

"나는 소중한 존재야. 나는 사랑받고 있어. 나에게 오늘 좋은 일이 생길 거야. 멋진 미래가 나를 기다리고 있어!"

이렇게 긍정적인 말을 계속 하다 보면 내면의 힘도 강해진다. 이렇게 생긴 힘은 외부 환경에 영향을 받지 않고 자신의 삶을 굳건히 살아갈 수 있도록 돕는다.

우리는 말 한 마디에 큰 힘을 얻기도 하고 엄청난 상처를 받기도 한다. 물리적 폭력은 힘이나 무기에 의한 억압일 뿐이지만, 언어에 의한 폭력은 치유되기 힘든 상처를 남긴다. 특히 '가정 폭력' 못지않게 무서운 것이 가정 내에서 이루어지는 '가정 폭언'이다. 폭언이 폭력보다 더 자주, 지속적으로 일어나기 때문에 신체폭력보다 언어폭력이 더 위험하다.

만화가의 꿈을 키워 가는 한 소년이 있었다. 그는 용돈이 조금 생기면 학교 근처의 만홧가게로 달려가 닥치는 대로 만화를 읽었다. 그러던 어느 날, 소년의 마음을 사로잡는 만화를 발견했다. 주인공의 멋진 모습에 넋이 나간 소년은 주인아저씨 몰래 만화책 한 장을 찢었다. 그리고 집에서 수십 번씩 주인공의 모습을 따라 그렸다.

처음에는 죄책감 때문에 만홧가게 근처는 얼씬도 하지 못했다. 그러다가 주인아저씨가 눈치채지 못한 것을 알고 다시 만홧가게에 드나들기 시작하며 몰래 만화책을 찢었다. 만화 그리기 연습을 위해 한 장, 두 장 찢던 것을 대담하게 열 장이상도 찢었다. 어느 날, 소년이 조심스럽게 만화책을 찢고 있을 때였다. 아저씨가 자신을 향해 천천히 다가오는 것이 아닌가. 소년은 두려운 마음에 눈을 꼭 감았다. 그런데 아저씨는 소년의 머리를 쓰다듬으며 말했다.

"네가 그 유명한 만화가 지망생이구나?"

소년의 두 눈에서 눈물이 흘러내렸다. 이십 년 뒤, 소년은 유명한 만화가가 되어 자신이 그린 인기 만화 《공포의 외인구단》을 들고 어린 시절의 그 만홧가게를 다시 찾았다. 하지만 그곳에는 이미 다른 가게가 들어서 있었다.

"그 시절 만홧가게 주인아저씨가 아니었으면 오늘의 제가 있었을까요?"

그는 눈물을 글썽거렸다. 사십 년 전 소년 시절의 만화가 이현세 씨 이야기다.

말을 한다는 것은 자기 마음의 한 부분을 표출하는 것이다. 마음이 어두운 사람은 당연히 말도 어둡다. 마음이 옹졸한 사람은 말도 옹졸하다. 마음이 긍정적인 사람은 자연스럽게 말도 긍정적이다. 세상도 긍정적이고 낙관적으로 본다. 하지만 우울하고 부정적인 생각을 하면 모든 것이 비관적으로 보인다. 행복을 만드는 것은 물질만이 아니다. 한 마디 말이 얼마든지 우리를 행복하게 만들 수 있다. 또한 말 한 마디가 우리를 불행하게 할 수도 있다.

같은 악기라도 연주자에 따라 소리가 다르듯이, 같은 말이라도 말하는 사람에 따라 얼마든지 달라질 수 있다. 평상시 아무 생각 없이 내뱉는 말에 주의하자. 그리고 지치고 괴로울 때 의식적으로라도 긍정적인 언어를 골라 사용하자. 말은 앞으로 펼쳐질 우리의 삶의 모습도 바꿀 수 있다.